1 MONTH OF
FREE
READING

at

www.ForgottenBooks.com

By purchasing this book you are eligible for one month membership to ForgottenBooks.com, giving you unlimited access to our entire collection of over 1,000,000 titles via our web site and mobile apps.

To claim your free month visit:

www.forgottenbooks.com/free625791

ISBN 978-0-666-18064-3
PIBN 10625791

UNIVERSITÉ DE TOULOUSE

FACULTÉ DE DROIT

Le Mariage entre Absents

EN

Droit Canonique

THÈSE POUR LE DOCTORAT

Es-Sciences Juridiques

PRÉSENTÉE PAR

Jean BANCAREL

Avocat

FACULTÉ DE DROIT DE TOULOUSE

MM. WALLON, professeur honoraire.

HAURIOU, ✻, Doyen, professeur de Droit administratif.

ROUARD DE CARD, professeur de Droit international privé et de Droit civil comparé.

MÉRIGNHAC, O. ✻, professeur de Droit international public.

HOUQUES-FOURCADE, professeur d'Economie politique.

FRAISSAINGEA, ✻, professeur de Droit commercial.

GHEUSI, professeur de Droit civil.

MESTRE, professeur de Législation française des finances et de Science financière.

DECLAREUIL, professeur d'Histoire générale du Droit français.

POLIER, professeur d'Economie politique.

THOMAS, professeur de Droit romain.

CÉZAR-BRU, professeur de Droit civil.

MAGNOL, professeur de Droit criminel.

FLINIAUX, professeur de Droit romain.

PERREAU, ✻, professeur de Droit civil.

RICOL, professeur de Procédure civile.

DUGARÇON, chargé de cours.

CLAVELIER, licencié ès-lettres, secrétaire des Facultés de Droit et des Lettres.

PRÉSIDENT DE LA THÈSE : M. DECLAREUIL.

SUFFRAGANTS . { MM. THOMAS
FLINIAUX.

La Faculté n'entend appprouver ni désapprouver les opinions particulières du candidat.

UXORI,

MEIS ET AMICIS

BIBLIOGRAPHIE

DROIT ROMAIN

PAUL. — *Sentences*, 2, 19, 8.

POMPONIUS. — Au *Digeste*, liv. XXIII, tit. II, par. 5.

ULPIEN. — Au *Digeste,* liv. XXXV, tit. I, par. 15.

GIRARD. — *Manuel de Droit Romain*, 1906, page 151, texte et notes 5 et 6; page 152, texte et note 1.

DROIT CANONIQUE

TEXTES

DÉCRET DE GRATIEN, Venise, 1572, 2ᵉ partie, Cause 30, Question 5, Canon 8, Glose.

Id. 2ᵉ partie, Cause 32, Question 2, Canon 13, Glose.

DECRETALES GREGORII NONI, édition de Venise, 1572.

SEXTUS DECRETALIUM LIBER A BONIFACIO OCTAVO IN CONCILIO LUGDUNENSI EDITUS, 1572, Venise, *in cap. ult. de Procurationibus.*

RITUEL ROMAIN de Paul V, 1605-1621, tit. VII, chap. II.

INSTITUTIONES JURIS CANONICI, de Jean-Paul LANCELOT, 1671, liv. II, tit. X, texte et Glose de Louis RICCI.

CANONES ET DECRETA SACROSANCTI OECUMENICI CONCILII TRIDENTINI, Session 24, chap. I.

CODEX JURIS CANONICI PII X PONTIFICIS MAXIMI JUSSU DIGESTUS, BENEDICTI PAPAE XV AUCTORITATE PROMULGATUS PRAEFATIONE, FONTIUM ANNOTATIONE ET INDICE... AB EMO PETRO card. GASPARRI AUCTUS, Rome, 1918, liv. I, Canon 6 et liv. III, Canons 1088 à 1091.

OUVRAGES DIVERS

Joannes CARAMUEL. — *Theologia Moralis Fundaméntalis*, 1675, liv. III, fund. 70, notes 1 et suiv.

CABASSUT. — *Theoria et Praxis Juris Canónici*, 1709.

DE LUGO. — *De Sacramentis in genere*, disp. 8, n° 109.

SANCHEZ. — *De Sancto Matrimonii Sacramento*, 1739, tome III, liv. II, disp. 11 et 12 et liv. III, disp. 39.

MELCHIOR CANO. — *De Locis Theologicis*, liv. VIII, chap. v, n° 10.

Bernard Van ESPEN. — *Jus Ecclesiasticum Universum*, 1753, tome I.

BENOIT XIV. — *De Synodo*, liv. XIII, chap. XXII, n° 9.

Saint Alphonse de LIGORI. — *Théologie Morale*, tome III, liv. VI, chap. II, n° 884 et suiv. édition de 1847.

DURAND DE MAILLANE. — Dictionnaire de Droit Canon, à *Procuration*.

Louis de HÉRICOURT. — Les Lois Ecclésiastiques de France, Paris, 1771.

WETZER et WELTE, traduits de l'allemand par GOSCHLER, 1863, Dictionnaire encyclopédique de la Théologie catholique, tome XIX, page 180.

FERRARIS. — *Prompta Bibliotheca Canonica*, 1856, tome V, col. 332 et suiv. et tome VI, col. 767.

REIFFENSTUEL. — *Jus Canonicum*, 1865, tome II, liv. I, tit. XXXVIII, n° 67 et suiv.

Philippus de ANGELIS. — *Praelectiones Juris Canonici*, 1877, tome I, 2e partie, liv. I, tit. XXXVIII, n° 5.

Franciscus SANTI, 1890. — *Praelectiones Juris Canonici*, liv. II, tit. I, n° 81 et suiv.

GASPARRI. — *Tractatus Canonicus de Matrimonio*, 1891, second volume, chap. v, n° 836 et suiv.

Antoine BALLERINI, édité par Dominique PALMIERI. — *Opus Theologicum Morale*, 1892, traité X, n° 454 et suiv.

Michel ROSSET. — *De Sacramento Matrimonii*, 1895, liv. I, chap. II, n° 213 et suiv.

Clément MARC. — *Institutions Morales de saint Alphonse de Ligori*, tome III, tit. VIII, chap. II, art. 3; Rome, 1898.

Franç.-Xav. WERNZ. — *Jus Decretalium*, 1904, 1re partie, tit. 1, n° 45 et suiv.

COLLECTIONS ET JURISPRUDENCE

ZAMBONI. — *Collectio Declarationum Sacrae Congregationis Cardinalium Sacri Concilii. Tridentini Interpretum*, 1868, tome IV, *Matrimonium*, par. 12.

COLLECTIO LACENSIS. — *Acta et Decreta Sacrorum Conciliorum Recentiorum*, 1879, Fribourg-en-Brisgau, tome V, tit. I, col. 1293.

SALVATOR PALLOTINI. — *Collectio omnium conclusionum et resolutionum S. Congregationis Cardinalium*; Rome, 1887, vol. XIII.

ACTA APOSTOLICAE SEDIS. — Année 2, vol. II, n° 7 du 3o avril 1910, pages 297 et suiv. et Année 10, vol. X, pages 517 et suiv.

NOUVELLE REVUE THÉOLOGIQUE, tome XLII, 1910, pages 449 et suiv.

ANCIEN DROIT FRANÇAIS

POTHIER. — *N° 367.*

OUVRAGES D'HISTOIRE

OUVRAGES GÉNÉRAUX

VILLARET. — *Histoire de France*, tome X, page 191.

DANIEL. — *Histoire de France*, tome VI, page 339; tome VIII, page 5o1.

MICHAUD. — *Biographie Universelle Ancienne et Moderne*, tome II, page 15, note 3.

OUVRAGES PARTICULIERS

JUVÉNAL DES URSINS. — *Histoire de Charles VI*, pages 141, 152 et 153.

D'ARGENTRÉ. — *Histoire de Bretagne*, liv. XII, page 755-F.

DE LAGRÈZE. — *La Navarre Française*, tome I, page 183.

WELSCHINGER. — *Le Divorce de Napoléon*, chap. IX,

RECTIFICATIONS

— ••• —

Page 7. — Ancien Droit Français. — Lire : *Pothier*. -- Traité du Contrat de Mariage, n° 367.

Page 32. — Note 3, lire : *glossateur* au lieu de *glosateur*.

Page 68. — 9ᵐᵉ ligne, lire : sicut *in* mortuo...

Page 69. — Note 1, lire : *Tamburini*, Explicatio Decalogi, livre VIII, titre IV, chap. IV, n° 13. — Lyon 1659.

Page 70. -- 9ᵐᵉ ligne, lire : quia ministri actus debet e·se humanus, sed contrahentes per procuratorem sunt ministri matrimonii et non procurator,...

    id.   17ᵐᵉ ligne, lire : ut mandatum *dedit,*

Page 72. — 21ᵐᵉ ligne, lire : mais *guérie*...

Page 76. — 8ᵐᵉ ligne : supprimer la virgule après le mot *matrimonium.*

Page 78. -- 20ᵐᵉ ligne, lire : Quia eligitur industria *persona*...

Page 99. — 16ᵐᵉ ligne, lire: *et* ulterius... au lieu de *ed* ulterius.

Page 109. — 4ᵐᵉ ligne, lire : quod vi metuque... au lieu de quod vimetuque.

Page 114. — 17ᵐᵉ ligne, lire : donner mandat *d'écrire* un testament (au lieu *d'exécuter* un testament).

Page 117. — 15ᵐᵉ, 23ᵐᵉ et 27ᵐᵉ lignes, lire : *du procureur* testamentaire.... au lieu de *l'exécuteur* testamentaire.

Page 126. — Note 2, lire : *acta Apostolicae Sedis*...

Page 131. — 9ᵐᵉ ligne, lire : *demonstrative*...au lieu de *demontrative*.

    id.   19ᵐᵉ ligne, lire : *acceptationem*... au lieu de *avceptationem.*

Page 143. — 19ᵐᵉ ligne, lire : du mariage...

Page 162. — 22ᵐᵉ ligne, lire : eamden *materiam*..

Page 166. — Note 1, 5ᵐᵉ ligne, lire : si *esset* dispositus.

Page 32 — 24ᵉ ligne et note 3 — lire. Hugucci au lieu de Hostiensis ,

PRÉFACE

Les lois françaises des 4 avril et 9 août 1915, en permettant aux militaires et aux marins présents sous les drapeaux ou prisonniers de guerre à l'étranger de contracter mariage par procuration, ont rappelé l'attention du grand public sur cette vieille institution du mariage entre absents délaissée chez nous depuis plus d'un siècle.

Certains même, à l'apparition de la mesure législative remettant en honneur ce mode d'union, ont été tentés de crier à la résurrection d'une vieille institution des temps abhorrés et révolus de la monarchie. Ils oubliaient totalement que pour une catégorie de Français, et non la moindre, il existait, en matière de mariage, une législation tout aussi importante que la législation civile, nous avons nommé le Droit Canonique dont les prescriptions sont toujours en vigueur pour les catholiques.

Or, le Droit Canon n'a jamais cessé de reconnaître la validité du mariage entre absents en général et du mariage par procuration en particulier, de sorte que s'il n'était plus possible d'utiliser

en France, au point de vue civil, ce mode de célébration, il était, par contre, parfaitement admis
qu'on l'utilisât au point de vue religieux.

Celui d'ailleurs dont le Code français porte le
nom fut le premier à donner l'exemple de l'utili-
sation ainsi comprise des deux droits, civil et canonique : Napoléon, en effet (et nous aurons l'occasion de revenir sur ce fait au cours de notre
étude), se maria par procuration à Vienne, le
8 mars 1810, devant les autorités religieuses de la
capitale autrichienne avec l'archiduchesse Marie-
Louise.

Il n'y a donc pas à nier l'importance d'une législation que celui dont les armées dominèrent un
instant le monde dut lui-même observer pour
pouvoir conclure l'union qui devait assurer, dans
ses desseins ambitieux, l'avenir de sa dynastie.

D'autre part, il convient de ne pas oublier que
le Droit Canon a été et est encore, dans certains
pays et pour certaines matières, pour le mariage
notamment, le Droit de l'Etat. Il en était ainsi en
France avant la Révolution (1), il en est actuellement ainsi en Espagne, et, il n'y a pas très longtemps, l'Autriche-Hongrie offrait, elle aussi, la
même particularité. Enfin, là où la législation civile ne réglemente pas les formes de l'union matrimoniale, aux Etats-Unis d'Amérique par exem-

(1) Cf. Pothier, n° 367 et Louis de Héricourt, *Lois Ecclésiastiques de France*, liv. I, titre XXXVIII.

ple, c'est encore le Droit Canon qui intervient et
qui régit le mariage des catholiques.

Et il nous a paru, dès lors, intéressant d'étudier d'un peu près cette législation à la fois si
particulière et si générale, si particulière parce
qu'elle ne s'applique qu'aux catholiques et si
générale parce qu'elle est vraiment, par l'importance du nombre des adeptes de la religion dont
elle émane, la seule législation internationale
qui ait quelque valeur. Cependant, comme la
matière du mariage en général eût été beaucoup trop vaste pour entrer dans le cadre nécessairement restreint d'une thèse, nous nous sommes bornés à l'étude relativement courte de l'institution du mariage entre absents que, pour les
besoins de la guerre, la loi française a tiré mo-
mentanément de l'oubli en rétablissant pour les
mobilisés le mariage par procuration.

Nous étudierons donc cette institution sous ses
diverses modalités historiques : mariage par nuncius, par interprète, mariage par lettre et mariage
par procureur et nous n'omettrons pas de signaler
son existence dans une législation antérieure au
Droit Canon : le Droit Romain.

Voici d'ailleurs le plan que nous allons suivre
dans notre travail :

Dans une première partie consacrée à l'histoire
nous montrerons de quelle façon l'institution du
mariage entre absents était appliquée à Rome et
nous dirons en quoi le droit canonique a innové
en cette matière sur le droit romain.

Dans une deuxième partie, nous nous livrerons
à l'étude purement juridique de notre sujet en
droit canon.

Et enfin dans une troisième et dernière partie,
*forcément très courte, nous rapprocherons l'étude
juridique de l'étude théologique en nous deman-
dant si le mariage entre absents est un véritable
mariage aux yeux de l'Eglise, c'est-à-dire s'il confère le sacrement au même titre que le mariage
entre présents.*

De la sorte notre thèse sera ainsi divisée :

PREMIERE PARTIE. — *Introduction historique.*

Chapitre premier. — *Du mariage entre absents à Rome.*

Chapitre second. — *De l'influence du droit romain sur le droit canonique.*

Chapitre troisième. — *Du nouvel élément
apporté par le droit canon, le procureur.*

DEUXIEME PARTIE. — *Etude juridique du
mariage entre absents en droit canonique.*

Chapitre premier. — *De la validité du mariage
entre absents : I. — Avant le Concile de Trente;
II. — Après le Concile de Trente.*

Chapitre second. — *Le mariage par procureur.*

Premier point. — *Exposé du système. — Origine biblique du procureur.*

Deuxième point. — *Des éléments essentiels du
mariage par procureur.*

Premier Elément. — *Le Mandant.*

Deuxième Elément. — *Le Procureur.*

Troisième Elément. — *La Procuration.*

Troisième point. — *Du rôle du Curé, des Té-moins et de l'Ordinaire dans le mariage par procureur.*

CHAPITRE TROISIÈ ᴠ E. — *Le mariage par lettre :
I. — De sa validité; II. — De sa forme.*

CHAPITRE QUATRIÈ ᴠ E. — *Le mariage par interprète : I. — De sa validité; II. — Du rôle de l'interprète.*

CHAPITRE CINQUIÈ ᴠ E. — *Le nouveau Code de droit canonique et les modes de mariage entre absents.*

TROISIÈME PARTIE. — *Le mariage entre absents et le Sacrement.*

CHAPITRE UNIQUE. — *De la valeur du mariage entre absents au point de vue du Sacrement.*

Comme on le voit par ce plan, nous nous en tiendrons exclusivement au droit canonique et nous n'empièterons pas sur le domaine du droit civil de la guerre où, d'ailleurs, nous n'aurions plus que faire, M. Albert WAHL, professeur à la Faculté de Droit de l'Université de Paris, ayant déjà et très substantiellement traité la question en de longs et intéressants articles parus dans la « Revue Trimestrielle de Droit civil », en janvier, février et mars 1915.

Toutefois, avant de commencer notre étude, il

nous est tout particulièrement agréable d'accom-
plir un devoir de reconnaissance envers une émi-
nente personnalité de l'Institut Catholique de Tou-
louse qui a bien voulu mettre à notre disposition
les lumières de sa science et, par là même, nous
fournir les moyens nécessaires pour nous diriger
utilement dans les ouvrages des canonistes : que
M. l'abbé Auguste TRILHE *veuille donc bien trou-*
ver ici, avec l'assurance de notre profonde grati-
tude, l'expression sincère de notre respect.

J. B.

PREMIÈRE PARTIE

Introduction historique.

CHAPITRE PREMIER

Du Mariage entre Absents à Rome.

En droit romain, le mariage pouvait fort bien être célébré en l'absence du futur époux. Un texte de Pomponius au *Digeste*, livre XXIII, titré 2, par. 5, nous dit, en effet, que l'absent, désireux de manifester sa volonté de prendre pour femme la personne qu'il avait choisie et permettre en dehors de sa présence la célébration du mariage, avait deux moyens à sa disposition; il pouvait : ou bien donner son consentement par lettre, ou bien envoyer un messager, un intermédiaire, chargé par lui de procéder aux rites ordinaires : « *Mulie- rem absenti per litteras ejus, vel per nuncium posse nubere placet, si in domum ejus deducere- tur; eam vero, quae abesset, ex litteris vel nuncio duci a marito non posse : deductione enim opus*

esse in mariti, non in uxoris domum, quasi in do-
micilium matrimonii. »

Mais ce qui était possible à l'homme était, par
contre, interdit à la femme, ainsi que cela ressort
très clairement de la seconde partie du texte précité. Et la raison de cette interdiction était la suivante :

Le droit romain exigeait, en effet, que, pour
avoir la possession d'état d'époux, l'homme et la
femme habitassent ensemble dans la maison du
mari, considérée comme siège du domicile conjugal (*domicilium matrimonii*), et il voulait que le
jour du mariage la femme fût amenée *en personne*
dans cette maison et qu'il fût procédé solennellement à ce qu'il appelait la « *Deductio in domum
mariti* », afin de bien prouver aux tiers que ladite
femme acceptait sa nouvelle situation d'épouse en
se tenant prête, s'il était absent, à recevoir son
mari dès son retour et en s'occupant aussitôt de
son nouveau ménage. Le mariage, en effet, résul-
tait, grâce à la généralisation de la pratique du
mariage *sans manus*, du consentement seul des
époux, et cela dès la fin de la République. Il ne
comportait plus aucune intervention de l'autorité
publique correspondant à l'acte de mariage moderne, et sa validité était certainement indépen-
dante de la cohabitation physique ainsi que nous
le dit incidemment ULPIEN parlant du legs fait à
une personne sous la condition qu'elle fût mariée :

« *Cui fuerit sub hac conditione legatum, Si in*

familia nupsisset : VIDETUR IMPLETA CONDITIO
STATIM ATQUE DUCTA EST UXOR, QUAMVIS NONDUM IN
CUBICULUM MARITI VENERIT. *Nuptias enim non
concubitus, sed consensus facit.* ». (1).

Donc, et le texte d'ULPIEN est très clair à ce sujet, le mariage une fois conclu, il fallait en prouver l'existence et déterminer le moment précis
auquel il avait commencé. Cela était d'une très
grande importance à plusieurs points de vue, par
exemple, comme vient de le dire le jurisconsulte
romain, pour ouvrir le droit à une succession; ou
encore pour déterminer si l'enfant survenu jouissait de la présomption de paternité légitime du
mari dont jouissent les enfants conçus dans le
mariage; ou bien, troisième hypothèse, entre bien
d'autres, pour savoir si une donation était valable
comme ayant été faite entre fiancés ou nulle
comme ayant été faite entre époux (2).

Or, la « *Déductio in domum mariti* » était au
premier chef l'une des meilleures preuves du mariage, elle était même la meilleure et la plus pratique de toutes lorsque les époux ne se trouvaient
pas dans le même lieu. Mais, dans ce cas, ainsi
que nous l'avons déjà dit, la présence de la femme
étant absolument nécessaire, elle ne pouvait être
opérée en l'absence de celle-ci qui ne jouissait pas

(1) ULPIEN, au *Digeste*, liv. XXXV, tit. I, par. 15.
(2) GIRARD, *Man. de dr. romain*, 1906, liv. II, chap. III,
page 151, texte et notes 5 et 6, page 152 texte et note 1.

du droit qu'avait le mari de se faire représenter à
cet acte par un « nuncius » :

« *Vir absens uxorem ducere potest, femina ab-*
sens nubere non potest. » (1).

. . . .

Ainsi donc à Rome le mariage entre absents
était déjà connu et pratiqué; malheureusement,
les textes nous manquent pour pouvoir étudier en
détail le fonctionnement des systèmes qui permet-
taient de le réaliser. Il nous est dès lors impossible de délimiter exactement le rôle du « *nuncius* »,
nous ne pouvons, à son sujet, que construire des
hypothèses et la controverse a le champ libre. Certains ont voulu voir dans cet intermédiaire un
simple messager, un vulgaire courrier, chargé
simplement d'apporter les « *litterae* » et ne donnant à l'acte qu'un concours purement matériel (2). D'autres l'ont regardé comme étant un représentant de l'absent, chargé de manifester la
volonté de celui-ci et prenant, par conséquent, au
susdit acte une part plus grande que le simple
messager, sans aller cependant jusqu'à lui reconnaître le droit de représentation dans la volonté
même, c'est-à-dire le droit de modifier en quoi
que ce soit les ordres reçus (3).

Personnellement nous penserons avec M. Gɪ-

(1) Paul, *Sentences*, liv. II, 19, 8.
(2) Voir dans ce sens : *de Ihering, Gesammelte Aufsaetze*,
1881, I, pages 122 et suiv. et *Dernburg* I, par. 117, n° 3.
(3) Ainsi : *Windschied*, I, par. 73, n° 2.

RARD, que le « *Nuncius* » n'était autre que le personnage chargé par l'un des contractants de porter à l'autre l'expression de sa volonté (1) et nous
lui supposerons, en outre, la faculté de tenir le
lieu et la place du mari au moment de la réception de la femme au domicile conjugal, c'est-à-
dire lors de la « *deductio in domum* ». A la vérité,
aucun texte ne nous permet de soutenir effectivement cette supposition, *cependant nous pensons
que s'il en avait été autrement, si le « nuncius »
n'avait eu qu'un rôle de courrier à jouer, Pomponius n'aurait pas pris soin de noter que l'absent
pouvait agir soit par « litteris », soit par « nuncius », ce dernier demeurant la doublure du messager chargé d'apporter les premières et devenant
par cela même parfaitement inutile.*

D'ailleurs, et généralement dans la pratique,
les deux systèmes devaient se combiner; le « *nuncius* » apportant lui-même les « *litterae* » et pro-
cédant à la réception de l'épouse au nom du mari,
ce qui lui donnait, en quelque sorte, figure de
procureur sans qu'il y eut cependant, à proprement parler, procuration, le droit romain n'ayant
pas connu le procureur au mariage.

Quoi qu'il en fût, ce droit romain, beaucoup
plus sage en cela, à notre humble avis, que le
droit français actuel, avait compris qu'il était des
cas où le mariage devait être célébré nonobstant

l'absence du futur époux, puisqu'il avait prévu les moyens de suppléer à cette absence. Et il serait intéressant de connaître ces cas que les vieux romains, gens beaucoup trop sensés pour agir sans raisons, avaient certainement envisagés; mais malheureusement, répétons-le, les lumières nous font défaut là-dessus et nous ne pouvons que bâtir des hypothèses. Ces hypothèses d'ailleurs sont de tous les temps et de toutes les époques, et nous ne nous avancerons guère en supposant que si les Romains se mariaient parfois « *per litteras* » *vel* « *per nuncium* », c'était, le plus souvent, parce que, se sentant menacés dans leur existence par un danger quelconque, ils voulaient, avant de mourir, améliorer le sort d'une compagne laissée au loin ou bien assurer la légitimité d'enfants nés d'une union jusqu'alors irrégulière.

CHAPITRE II

De l'influence du Droit Romain sur le Droit Canonique.

———

Par suite de la coexistence du droit romain et du droit chrétien dans les premiers siècles de l'Eglise, le mariage entre absents est naturellement devenu une institution du droit canonique comme bien d'autres institutions romaines. Il n'y avait d'ailleurs aucune raison majeure pour qu'il fût éliminé des usages et des coutumes des premiers chrétiens : les longs séjours dans les prisons, la condamnation aux travaux forcés dans les mines, la menace perpétuelle du martyre étaient, au contraire, semble-t-il, autant de motifs capables de hâter la conclusion de mariages déjà projetés. Et comment aurait fait pour se marier le prisonnier ou le condamné s'il n'avait pu manifester son consentement devant le prêtre autrement que par lui-même ?

Le maintien de la possibilité du mariage entre absents s'imposait donc aux premiers âges de l'Eglise et c'est pourquoi nous voyons demeurer dans le droit canonique les deux vieilles formes de cette sorte de mariage qu'avait connues le droit romain : « *le mariage par lettre* » et le « *mariage par interprète* ».

Le mariage par lettre ou « *per epistolam* » n'est autre, en effet, que le mariage « *per litteras* » du Digesté et le mariage « *per interpretem* » est tout simplement le mariage « *per nuncium* », car certains canonistes ont pris le mot « *interpres* » dans son sens ordinaire de « *traducteur de paroles* », tandis que d'autres en ont fait le synonyme de « *messager chargé de traduire la pensée de l'absent* ». Et c'est dans le dernier état du droit canon, c'est-à-dire avec les derniers des auteurs modernes et le nouveau Code de 1917 que la différence sera seulement faite d'une manière certaine entre les deux termes, ainsi que nous le verrons au cours de notre étude (1).

Donc, mariage « *per epistolam* » et mariage « *per interpretem* » ou « *per nuncium* » sont venus du Digeste, mais ont naturellement subi l'influence du Christianisme dans la fixation de leurs conditions de validité, tout en gardant, sans doute, dans leur principe, les mêmes formes extérieures qui les caractérisaient en droit romain.

Toutefois ils allaient, avec le développement du droit canon, se voir adjoindre un mode nouveau inconnu du droit romain : « *Le mariage par procureur* ».

_____

(1) Voir *infrà*, pages 146 et 148.

CHAPITRE III

Du nouvel élément apporté par le Doit Canon : Le Procureur.

———————

Un nouveau personnage, en effet, dont les textes romains n'avaient pas fait mention, apparaît dans le droit canonique, nous avons nommé le PROCUREUR ou : « PROCURATOR ».

A la différence du « nuncius », ce Procureur n'est pas seulement chargé de faire connaître à l'époux présent, au curé et aux témoins la volonté de l'absent, il est encore tenu, sur la foi d'un mandat régulier, écrit ou verbal, comme nous le verrons par la suite, de contracter mariage au nom de son mandant.

Il figurera donc dans l'acte nominalement, mais il sera spécifié qu'il opère pour le compte d'autrui. Il aura toutes les qualités du mandataire en général, sauf certaines restrictions que nous étudierons en temps et lieu, et ce qu'il aura dit et fait liera son délégateur tout comme si ce dernier l'avait dit et fait par lui-même.

Et comme tout mandat, la procuration qu'il

aura reçue sera essentiellement révocable, mais, et ceci est une exception formelle aux règles ordi-. naires en la matière, la révocation de cette procu- ration entraînera, sous certaines conditions que nous ferons connaître, la nullité des engagements pris par lui, et cela *alors même qu'elle aura été ignorée de lui et de la partie avec laquelle il aura contracté.* Cette exception vraiment extraordi- naire se justifie cependant par ce fait que nous sommes ici en matière de mariage, et qu'en cette matière, ne l'oublions pas, le consentement des parties est « l'*essentiel* » de l'institution : point de mariage, en effet, si au moment de la célébration l'un des deux contractants revient sur sa décision première et retire son consentement. Or, dans le cas du mariage par procureur, étant donné l'éloi- gnement du mandant, il peut se faire que la révo- cation réalisée antérieurement à la célébration ne parvienne à la connaissance des intéressés que postérieurement à elle, sans pour cela devenir ca- duque; et dès lors, la procuration étant et demeu- rant valablement annulée, il est logique que le contrat passé par le procureur soit et demeure nul, nonobstant l'ignorance du fait dans laquelle ledit procureur se sera trouvé.

D'autre part, le procureur au mariage ne sera pas soumis aux conditions d'âge des procureurs ordinaires et nous verrons qu'il suffira pour lui d'être apte à manifester simplement par la parole la volonté d'autrui.

Il pourra encore être indifféremment choisi

parmi les représentants de l'un ou de l'autre sexe, et, de la sorte, une femme pourra représenter un homme et vice-versa.

Quant à la procuration, elle obéira également à des règles particulières, celle de la spécialité notamment, et le procureur ne pourra, en aucune manière, apporter la moindre modification aux instructions qui lui auront été données par elle.

Enfin, nous verrons encore que le procureur sera tenu d'agir par lui-même et qu'il ne pourra déléguer ses pouvoirs à une autre personne que sur l'autorisation expresse qui lui en aura été donnée. dans la procuration.

Telle est, dans ses grandes lignes, la nouvelle institution que le droit canon a superposée dans les modes du mariage entre absents aux vieux systèmes romains de la « *lettre* » et du « *nuncius* », et qui, le temps et la pratique aidant, est devenu le plus usité des trois.

DEUXIÈME PARTIE

Etude Juridique du Mariage entre Absents en Droit Canonique.

CHAPITRE PREMIER

De la Validité du Mariage entre Absents.

Le mariage entre absents est-il valide en droit canonique ?

La réponse varie chez les canonistes suivant qu'ils se placent pour y répondre à la période antérieure ou à la période postérieure au Concile de Trente :

Elle est affirmative chez tous pour la période antérieure ;

Pour la période postérieure, au contraire, les avis sont partagés.

Nous allons voir, en étudiant successivement les auteurs pour chacune de ces périodes, les raisons qui ont fait prévaloir l'affirmative dans le droit de l'Eglise.

Et nous réserverons enfin, pour l'examiner
dans le dernier chapitre de cette étude juridique
du mariage entre absents, le point de savoir si le
nouveau Code de droit canon édité en 1917 a ou
n'a pas maintenu tous les divers modes de célébration qui étaient encore en vigueur au moment
de son apparition.

I. — De la validité du Mariage entre Absents avant le Concile de Trente.

Tous les Docteurs sont ici d'accord pour reconnaître la parfaite validité du mariage entre absents avant le Concile de Trente, que ce mariage
soit contracté par messager, par lettre ou par procureur.

Et tous se basent, pour justifier leurs dires, sur
un texte formel des Décrétales de BONIFACE VIII
dans le SEXTE (1) :

« Procurator non aliter censetur idoneus ad
matrimonium contrahendum, quam si ad hoc
mandatum habuerit speciale. Et quamvis alias is,
qui constituitur ad negotia procurator, alium dare
possit, in hoc tamen casu (propter magnum quod
ex facto tam arduo posset periculum imminere)
non poterit deputare alium, nisi hoc eidem specialiter sit concessum. Sane si procurator ante-

_____

(1) SEXTUS DECRETALIUM LIBER A BONIFACIO OCTAVO, in
Concilio Lugdunensis editus, Venise, 1772, chap. de Procurationibus, in ultimo.

quam contraxerit a domino fuerit revocatus, con-
tractum postmodum matrimonium ab eodem (li-
cet tam ipse quam ea cum qua contraxit, revoca-
tionem hujus modi penitus ignorarent), nullius
momenti existit cum illius consensus defecerit,
sine quo firmitatem habere nequivit ».

Et nous traduisons :

« Le procureur n'est apte à contracter mariage
que s'il a reçu pour cela un mandat spécial. Et
bien que dans d'autres cas celui qui a été constitué procureur pour régler une affaire puisse déléguer ses pouvoirs à un tiers, ici (en raison de la
gravité de l'acte et des dangers qui pourraient résulter d'une telle pratique), cette faculté ne lui est
laissée que si elle lui a été spécialement octroyée
dans la procuration. En outre, si avant la célébration le procureur a été relevé de son mandat, le
mariage contracté dans ce cas sera nul parce que
le consentement de l'une des parties, chose absolument essentielle, aura fait défaut (et cela alors
même que le procureur et la partie avec laquelle
celui-ci aura contracté auront ignoré la révocation). »

Nous avons tenu à donner ce texte dès maintenant, avec une traduction exacte sinon littérale,
parce que, dans la suite, nous aurons à nous réfé-
rer à lui très souvent. C'est, en effet, le texte capital
en notre matière et la clef de voûte du système, la
charte en quelque sorte des attributions et des
droits du procureur.

A la vérité, il n'y est question que du mariage

par procureur sur la validité duquel, durant la période antérieure au Concile de Trente aucun doute n'est plus possible ainsi que le constate d'ailleurs Mgr ROSSET : « *Extra dubium est potuisse valide et licite contrahi per procuratorem ante Concilium Tridentinum* » (1).

Mais ce qui est vrai pour ce mode spécial l'est aussi pour les autres : « le mariage par lettre » et « le mariage par interprète » ou « par messager », ainsi que le mentionnent tous les auteurs et en dernier lieu encore le *Père* Wernz : « *Qui consensus matrimonialis etiam per procuratorem, vel nuntium, vel epistolam, vel interpretem dari potest, dummodo observentur conditiones jure naturali et positivo ad matrimonium ita contrahendum requisitae* » (2).

D'ailleurs, un autre texte ancien justifie cette extension, tout au moins en ce qui concerne le mariage par lettre. Ce texte n'est autre que la Glose du Décret de Gratien au chapitre « *Nec Illud* », glose qui s'exprime ainsi :

« *Sed quid dices si aliquis consensum suum exprimat alicui feminae per litteras et ante receptas ab illa iste poeniteat ? Hostiensis* (3) *dicit non esse matrimonium licet illa consentiat, quia requiri-*

---

(1) Mgr ROSSET, *De Sacramento Matrimonii*, 1895, liv. I, chap. II, par. 1, n° 213, page 169, *loc. cit.*

(2) Franç.-Xavier WERNZ, *Jus Decretalium*, tome IV, 1904, *Pars prima*, tit. I, par. 4, n° 45, *loc. cit.*

(3) Henri de SUSE, glosateur, cardinal d'Ostie de 1261 à 1271.

tur quod duret voluntas prioris. Nam requiritur mutuus consensus, secus tamen est in aliis mandatis, nam licet revocetur mandatum, altero ignorante, contractus tenet. »

« Mais quel est ton avis sur ce point : un homme a envoyé une lettre à une femme pour lui exprimer son consentement au mariage, et avant que la femme ait reçu la lettre il a changé d'avis ? » — Et Henri de Suze de répondre : « Il n'y a pas mariage bien que la femme ait acquiescé, car ici il faut le consentement des deux parties, et, contrairement à ce qui a lieu dans les autres sortes de contrats, il se peut fort bien que le consentement de l'une des parties ait été révoqué à l'insu de l'autre » (1).

Et il est manifeste que l'auteur de la Glose regarde comme parfaitement valable et licite le mariage contracté sur la foi du consentement donné par lettre à la condition qu'au moment de la célébration celui qui a écrit la lettre se trouve toujours dans les mêmes sentiments et maintienne ferme sa volonté d'épouser la personne à laquelle ladite lettre a été envoyée. Cela ressort très nettement du texte.

Qu'il faille maintenant étendre la même solution au mariage par messager ou par interprète, comme nous l'avons déjà dit, cela ne souffre non plus aucune difficulté ainsi que le confirme, dès

(1) DECRETUM GRATIANI, édit. 1762, 2ᵉ partie, cause 30, question 5, canon 8 : « *Nec illud* », Glose « *Si quis...* »

1671, Jean-Paul LANCELOT, dans ses « Institutes de droit canon : « *Literis, ut cum absentes inter se de futuris nuptiis per epistolam paciscuntur, quod ipsum et per nuncium, vel procuratorem fieri poterit* » (1). C'est encore, d'ailleurs, et entre bien d'autres, l'opinion de Sanchez, ainsi que nous le verrons en étudiant séparément chacun de ces modes de célébration du mariage entre absents.

Par conséquent, de l'avis unanime de la doctrine, il est absolument certain qu'avant le Concile de Trente les mariages entre absents étaient parfaitement valables et licites sous, bien entendu, des conditions déterminées. Nous n'avons pas, pour le moment, à traiter de ces conditions, nous les retrouverons plus tard au cours de notre étude, et nous terminerons en notant ce fait, que les auteurs donnent comme raison de la validité des mariages en question, du mariage par procureur en particulier : que le mariage est un contrat et que le Christ n'a point changé sa nature de contrat quand il l'a élevé à la dignité de sacrement et sanctifié par la grâce : « *Et ratio est, nam Christus elevans matrimonium ad esse sacramenti, non immutavit contractus naturam, quae ea est ut possit inter absentes per procuratorem celebrari* » (2). Ou encore : « *Matrimonium est essentialiter contractus cujus naturam nullatenus*

---

(1) Jean-Paul LANCELOT, *Institutiones juris canonici*, 1671, liv. III, titre X : *de Sponsalibus*, page 241.

(2) SANCHEZ, *De Matr.*, tome I, liv. II, disp. XI, n° 2.

Christus immutavit quando illum ad dignitatem sacramenti evexit, gratiaque auxit » (1);

Enfin nous ferons remarquer que la Bible nous offre, en cette matière, un précédent fameux : le mariage d'Isaac et de Rebecca par l'intermédiaire d'Eliezer serviteur d'Abraham, et l'on conviendra que le droit canon se devait à lui-même de ne pas répudier un tel exemple.

. . . .

Avant de terminer ce paragraphe nous rappellerons pour mémoire les principaux mariages historiques qui furent célébrés par procureur pendant la période antérieure au Concile de Trente, ce sont :

Le mariage de l'infante Marie, fille de Philippe III, roi de Navarre et de don *Pedro*, roi d'Aragon, en 1336;

Le mariage de Jean d'Aragon et de Jeanne de France, fille de Philippe de Valois, en 1370 (2);

Le mariage de Richard II d'Angleterre et d'Isabelle de France, fille de Charles VI, procureur : comte Roland de Corbe, amiral d'Angleterre, 1396 (3);

Et le mariage de Maximilien d'Autriche, roi des Romains, avec Anne de Bretagne, en 1490, procureurs : comte de Nassau et Wolphan de Polhaim; mariage non consommé et annulé par la suite pour

(1) Mgr ROSSET, *De Sacr. Matr.*, liv. I, chap. II, n° 213.

(2) VILLARET, *Histoire de France*, tome X, page 191.

(3) DANIEL, *Histoire de France*, tome VI, page 333.

permettre à Anne de Brétagne d'épouser le roi de France Charles VIII (1).

Voici, d'après la relation qu'en donne LAGRÈZE, dans son livre *La Navarre française*, de quelle façon fut conclu le premier de ces mariages :

« *En l'année 1335, l'infante Marie, fille de Philippe III, roi de Navarre, contracta mariage avec don Pedro, roi d'Aragon.*

« *Un ambassadeur aragonais vint offrir à l'infante pour époux le roi son maître. Voici la réponse que lui fit la princesse en français, ou à peu près :* « *Nos Maria, segunde fille de très noble roy*
« *et reyne de Navarre, le très noble et excelent don*
« *Pierre roy de Aragon, moyennant vous Johan*
« *Sanche, chamber de la Glise de Zaragoza et Gar-*
« *cie Deloritz, chebaler, ses procurateus, et vous*
« *dicts procurateus en la personne di celli roy Da-*
« *ragon, recebons de nostre bon gré et francha*
« *volonté pour loyal espous et mari lejitime, et*
« *audit Mosen le roy Daragon vous moyennant à*
« *vos en son nom, nous donnons pour loyal es-*
« *pose et fame lejitime, et en li per mariage,* ET
« PER PAROLES DE PRÉSENT *nous consentons en la*
« *maniera que la loi de Rome commande et Sante*
« *Eglise le garde.* »

L'Infante, qui n'avait pas encore accompli sa douzième année fut confiée en dépôt au Conseil de

___

(1) DANIEL, *Histoire de France*, tome VIII, page 5o1.

Tulède et l'union ne fut consommée que deux ans plus tard, le 25 juillet 1338 (1).

Le mariage de Richard II d'Angleterre avec Isabelle de France, fille de Charles VI, nous est ainsi raconté à son tour par Juvénal des Ursins :

... « *En ce temps, comme dict est, s'entrete-noient tousióurs les traictez des Roys de France et d'Angleterre. Et entre les seigneurs y avoit eu certain accord que le Roy d'Angleterre debvoit avoir en mariage Madame Isabeau, fille du Roy, laquelle n'avoit d'aage que sept ans, et il en avoit trente, et qu'il y auroit tresves de trente huict ans, esquelles il y eut plusieurs et diverses clauses, concernans le bien public des deux Royaumes. Et pour parfaire le dict traité le Roy d'Angleterre envoya à Paris le comte Roland de Corbe, admiral d'Angleterre, le comte de Northampton, mareschal d'Angleterre et messire Guillaume Strop, grand chambellan, et autres notables d'Angleterre, pour demander la fille du Roy. Et avoient procuration suffisante pour espouser et passer l'accord en la forme et manière dessus déclarée. Et par aúcuns iours feurent assemblez Mésseigneurs les ducs de Berry et de Bourgogne, lesquels avoient conduict cette matière, et finablement accordèrent ledict traité.*

---

(1) DE LAGRÈZE, *la Navarre Française*, tome II, page 183.
Nous avons respecté l'orthographe du texte de la réponse de la princesse à l'ambassadeur du roi d'Aragon, texte extrait par DE LAGRÈZE des Archives de Pampelune (C. 7-58).
— (Note de l'auteur.)

Et ledict comte Roland par le moyen de sa procu-
ration, au nom et comme procureur du Roy d'An-
gleterre espousa Madame Isabeau de l'aage sus-
dict. Et feurent les noces au Palais et y avoient
trois Roys... » (1).

Cela se passait le 9 mars 1396 et en octobre de
la même année intervenait la ratification par le roi
Richard en personne :

    « *... Le lendemain au matin que lesdictes tem-*
pestes estoient survenües, lesdicts Roys et leurs
parens, voulans procéder à la consommation et
perfection des choses, pour lesquelles ils estoient
assemblez, viendrent en leurs tentes et chacun
d'eux se départit pour venir au pal. Et en venant,
arriva Madame Isabeau de France, accompagnée
du duc d'Orléans son oncle et de barons, chevaliers
et escuiers, dames et damoisoielles, et avoit belles
et grandes hacquenées, lictières, chevaux et cha-
riots bien garnis. Et quant à la dicte Dame elle es-
toit moult richement habillée... Et quand elle feut
assez près desdicts Roys, feut descendue de dessus
sa hacquenée et prise par les ducs d'Orléans, de
Berry et de Bourgogne... Et la présentèrent les-
dicts ducs accompagnés desdictes duchesses au
Roy d'Angleterre. Et en allant vers lui s'age-
nouilla deux fois. Et lors le Roy lui dit : « *Mon fils,*
« *c'est ma fille que je vous avois promis. Je vous*
« *la livre et délaisse en vous priant que la vouliez*

---

(1) Juvénal des Ursins, *Histoire de Charles VI*, page 141.

« *tenir comme vostre espouse et femme.* » Lequel
ainsi le promit. *Et lors les père, mari et oncles la*
baisèrent et la délaissèrent és-mains desdictes du-
chesses qui la menèrent à Calais... » (1).

Enfin écoutons d'Argentré nous faire la narra-
tion du mariage par procureur d'Anne de Bretagne avec Maximilien, roi des Romains :

« ... *Et pour ce que Maximilien ne pouvoit venir*
en personne, il donna commission au comte de
Nassau, à Wolphan de Polhaim en Autriche, qui
depuis eut grande charge soubs luy estant son ma-
réchal, à Maître Jacques de Condebaut, son secré-
taire, et Lepian, son maître d'hôtel, de venir en
Bretaigne traiter et accorder le mariage, et fiancer
et espouser la Duchesse. Cette commission se
trouve aux Chartres en date du vingt-troisième
mars mille quatre cent quatre-vingt-neuf. Ces sei-
gneurs venus en Bretaigne espousèrent cette Dame
solennellement, laquelle donna à messire Phile-
bert de Vaire, grand escuyer de l'Archiduc, quinze
mille livres pour part de noces et mil livres de
pension, pour le travail qu'il avoit eu d'aller d'une
et d'autre part pour moyenner son mariage. La
lettre en est aussi aux Chartres du douziesme de
novembre mil quatre cents nonante. Depuis tou-
tes les depesches, lettres de Chancellerie et autres
prothocolles se trouvent depuis l'an mil quatre
cents nonante iusques en l'an suivant en nos re-

(1) Juvénal des Ursins, *Histoire de Charles VI*, pages 152
et 153.

gistres commenceant soubs les mots : MAXIMILIEN
ET ANNE, PAR LA GRACE DE DIEU ROY ET ROYNÉ DES
ROMAINS, DUC ET DUCHÉSSE DE BRETAIGNE. *Les cris
et proclamations estoient de ceste façon et de
là en avant on appeloit la Duchesse du nom de
Royne* » (1).

Ce dernier mariage ne fut pas d'ailleurs très
heureux et Anne de Bretagne dut en demander
l'annulation pour non consommation peu de
temps après, afin de pouvoir épouser, sous menace
de guerre, le roi de France Charles VIII, dont les
armées empêchaient l'approche du malheureux
roi des Romains. Et l'annulation fut prononcée,
malgré la précaution que Maximilien avait fait
prendre par son procureur lors de la célébration (2).

Ainsi l'on voit, par ces quelques exemples, que
le mariage par procureur était en honneur au
moyen âge; nous verrons, au paragraphe suivant,
après avoir démontré sa validité postérieurement

---

(1) D'ARGENTRE, *Histoire de Bretagne*, livre XII, page
755 F.

(2) « Comme Maximilien voulait que l'union fût indisso-
luble et qu'elle ne le devient qu'après la consommation, on
mit la jeune mariée au lit et l'ambassadeur autrichien,
tenant à la main la procuration de son maître, introduisit
sa jambe nue jusqu'au genou dans le lit nuptial. Toutefois,
les théologiens, dans la suite, ne voulurent point tenir
compte de cette consommation du mariage et les courtisans
ne firent qu'en rire. » (MICHAUD, *Biographie universelle ancienne et moderne*, tome II; *Anne de Bretagne*, page 15,
note 1.)

aux décisions du Concile de Trente, qu'il fut tout autant pratiqué durant les temps modernes.

II. — *De la validité du Mariage entre Absents après le Concile de Trente.*

Et maintenant nous arrivons à la grosse question : « *Le Concile de Trente a-t-il ou n'a-t-il pas supprimé le mariage entre absents ?* »

Cette question a été longtemps débattue par les canonistes ; elle n'a plus aujourd'hui qu'un intérêt rétrospectif, la doctrine moderne, la jurisprudence et le droit étant désormais fixés dans le sens de la négative. Toutefois, nous allons successivement exposer les opinions qui se sont combattues à ce sujet et leurs arguments, de façon à mieux comprendre les motifs qui ont amené l'abandon de la théorie affirmative.

Et tout d'abord commençons par l'étude de cette dernière dont les arguments sont très·fidèlement rapportés par Mgr Rosset (1) dans son traité « de *Sacramento Matrimonii* ».

Le premier de ces arguments est tiré du texte du fameux décret « *Tametsi* » qui se trouve au chapitre I : *De reformatione matrimonii*, de la XXIVe session du Saint Concile de Trente, et que nous donnerons tout à l'heure. Ce texte exige que le ma-

_____

(1) Mgr Rosset, *De Sacramento Matrimonii*, n° 214.

riage soit contracté devant le curé et des témoins et que les époux expriment devant ceux-ci leur consentement. Il prescrit même au curé, après qu'il aura interrogé l'homme et la femme et recueilli leur consentement, de dire la formule suivante : « *Ego vos in matrimonium conjungo* ».

A première vue l'idée de tirer de ce texte la nécessité de la présence réelle des parties devant le curé et les témoins paraît évidemment séduisante et aussitôt les partisans de la négation de la validité du mariage entre absents d'échafauder de nouvelles dissertations :

« Le Concile, disent-ils, a fixé une nouvelle forme de mariage qui ne peut être remplacée par une autre forme, même équivalente. D'autre part, il est nécessaire que le curé et les témoins puissent attester de la célébration du mariage selon le rite; or, ils ne peuvent attester cela dans le cas du mariage par procureur puisque, d'une part, ils ne peuvent connaître au juste du mandat qui a été donné en dehors de leur présence et que, d'autre part, ils ignorent totalement si, au moment exact de la célébration le mandant a ou n'a pas révoqué ce mandat, s'il a ou s'il n'a pas persévéré dans son consentement.

« Du fait de la révocation d'ailleurs peuvent naître des inconvénients multiples susceptibles à eux seuls de rendre totalement impraticable un système qui offre en lui-même si peu de garanties. Il n'y a donc pas lieu, concluent-ils, de conserver une forme de mariage si fertile en surprises désagréa-

bles et que le texte du décret du Concile semble
d'ailleurs avoir nettement condamnée ».

Ainsi raisonnent les partisans de la suppression
du mariage entre absents par le Concile de Trente.
Nous allons apercevoir leur erreur à la lumière
même du texte qu'ils invoquent et à celle plus
claire encore des textes de droit subséquents et de
la jurisprudence de la Sacrée Congrégation chargée d'interpréter les dispositions du Saint Concile
de Trente.

En premier lieu, le fameux décret « Tametsi »
n'exige nullement d'une manière formelle la présence réelle des nouveaux époux devant le curé et
les témoins (1). Il dit bien dans son intitulé :
Qui aliter quam praesentibus parocho et duobus

(1) Voici, dans ses parties qui nous peuvent intéresser,
le texte du Décret « Tametsi » :
Canones et Decreta Sacrosancti oecumenici Concilii Tridentini, sub Paulo III, Julio III et Pio IV. — Sessio XXIV :
Decretum de Reformatione Matrimonii, caput I :
« Matrimonii solemniter contrahendi forma in Concilio
« Lateranensi praescripta innovatur : quoad proclamationes
« dispensare possit episcopus; qui aliter, quam praesentibus
« parocho et duobus vel tribus testibus contrahit, nihil agit.
« TAMETSI dubitandum non est, clandestina matrimonia,
« libero contrahentium consensu facta, rata et vera esse ma-
« trimonia, quamdiu Ecclesia ea irrata non fecit; et proinde
« jure damnati sint illi, ut eos Sancta Synodus anathemate
« damnat, qui ea vera ac rata esse negant; quique falso afir-
« mant, matrimonia a filiis familias sine consensu paren-
« tum contracta, irrata esse, et parentes ea rata vel irrata
« facere posse : nihilominus Sancta Dei Ecclesia ex justis-
« simis causis illa semper detestata est, atque prohibuit. Ve-
« rum cum Sancta Synodus animadvertat, prohibitiones

vel tribus testibus contrahit, nihil agit, » c'est-à-
dire : « Celui qui contracte mariage en dehors de
la présence du curé et de deux ou trois témoins, ne
fait rien », et dans le corps de son texte : « *Ad cc-*
lebrationem matrimonii in facie Ecclesiae proce-
datur; ubi parochus, viro et muliere interrogatis,
et eorum mutuo consensu intellecto, vel dicat :
« *Ego vos in matrimonium conjungo in Nomine*
« *Patris et Filii et Spiritus Sancti* », *vel utatur aliis*
verbis juxta receptum uniuscujusque provin-

« illas, propter hominum inobedientiam, jam non prodesse;
« et gravia peccata perpendat, quae ex iisdem clandestinis
« conjugiis ortum habent; praesertim vero eorum, qui in
« statu damnationis permanent, dum priore uxore, cum
« qua clam contraherant, relicta, cum alia palam contra-
« hunt, et cum ea in perpetuo adulterio vivunt; cui malo
« cum ab Ecclesia, quae de occultis non judicat, succurri
« non possit, nisi efficacius aliquod remedium adhibeatur;
« idcirco, sacri Lateranensi Concilii sub Innocentio III,
« celebrati vestigiis inhaerendo, praecipit ut, in posterum,
« antequam matrimonium contrahatur, ter a proprio con-
« trahentium parocho tribus continuis diebus festivis in
« Ecclesia inter missarum solemnia publice denuntietur,
« inter quos matrimonium sit contrahendum : quibus de-
« nunciationibus factis, si nullum legitimum opponatur
« impedimentum, ad celebrationem matrimonii in facie
« Ecclesiae procedatur; ubi parochus, viro et muliere inter-
« rogatis et quorum mutuo consensu intellecto, vel dicat :
« Ego vos in matrimonium conjungo in nomine Patris et
« Filii et Spiritus Sancti; vel aliis utatur verbis, juxta re-
« ceptum uniuscujusque provinciae ritum. Quod si ali-
« quando probabilis fuerit suspicio, matrimonium mali-
« tiose impediri posse, si tot praecesserint denúnciationes;
« tunc vel una tantum denunciatio fiat; vel saltem parocho
« et duobus vel tribus testibus praesentibus matrimonium
« celebretur... »

« *ciae ritum...* » c'est-à-dire encore : « Que le mariage soit célébré à la face de l'Eglise, et que le
curé, après avoir interrogé l'homme et la femme
et obtenu leur consentement, prononce les paroles
suivantes ou d'autres suivant l'usage de la con-
trée : « Je vous unis au nom du Père, du Fils et
« du Saint-Esprit... » *Mais nulle part il ne dit
expressément que les époux devront comparaître
en personne devant les témoins et le curé, ni qu'ils
devront exprimer personnellement et par eux-
mêmes leur consentement.* Or, il est de règle en
droit qu'une restriction revête un caractère formel, et dans le cas qui nous occupe la suppression
du mariage entre absents étant une restriction au
premier chef, si les Pères du Concile avaient entendu l'imposer ils l'auraient certainement fait en
abrogeant, par un texte précis, la Décrétale de Boniface VIII, ou tout au moins en indiquant assez
clairement qu'ils voulaient désormais la présence
réelle des parties à la célébration du mariage. Ils
n'en ont, au contraire, rien fait, c'est donc que
telle n'était pas leur intention.   ,

*D'ailleurs, à bien examiner le texte en question,
on se rend parfaitement compte que ce qu'ont
voulu ses rédacteurs ce n'est point la suppression
du mariage par procureur, par lettre ou par interprète, mais bien plutôt et même uniquement l'ex-
clusion des mariages clandestins.* Et c'est pourquoi ils ont stipulé que le mariage devrait être
précédé de trois publications et célébré solennellement devant le curé et deux ou trois témoins à

peine de nullité. Et l'on aperçoit nettement la raison d'une telle disposition : en infirmant les mariages clandestins le Concile de Trente a voulu en
effet diminuer les chances de bigamie, crime de
tout temps réprouvé par l'Eglise.

Mais du mariage clandestin au mariage par procureur, par lettre ou par interprète, il y a loin.
Ces derniers, en effet, n'entraînent point par eux-
mêmes dispense de publication et la célébration
doit en avoir lieu devant le curé et les témoins re-
quis par le droit commun. Seulement, le consentement de l'une des deux parties, au lieu d'être
exprimé directement par elle-même, est exprimé
soit par son procureur, soit par son interprète ou
son messager, soit enfin par la lettre qu'elle a
adressée à l'autre partie et que celle-ci lit en présence des témoins qualifiés : « *Nam Concilium non
transmutavit naturam contractus matrimonialis,
sed ei addidit tantum conditiones solemnitatis,
quae observari possunt inter absentes.* » (1) Le
Concile, en effet, n'a pas changé la nature de contrat du mariage, il a seulement édicté pour lui des
conditions de solennité qui peuvent très bien être
observées entre absents.

D'autre part, et ceci est en faveur de la théorie
qui veut le maintien de l'institution, le Concile de
Trente n'a pas abrogé le droit ancien relativement
à elle. Or, dans *le Sexte de Boniface VIII*, déjà cité,

(1) Mgr ROSSET, ouvrage cité, n° 215.

nous trouvons. *parmi les Regulae Juris, la règle 58ª qui s'exprime ainsi :* « *Potest quis per alium quod potest facere per se ipsum* », *et plus loin encore la règle 62 qui nous dit :* « *Qui facit per alium, est perinde ac si faciat per se ipsum.* » Et ces règles n'ayant jamais été contrariées par aucune exception en ce qui concerne le mariage, pas plus avant qu'après le Concile de Trente, nous sommes fondés à dire que, même après 1567, le mariage entre absents est parfaitement valable et licite.

C'est d'ailleurs l'opinion commune des grands doctrinaires (1) et Benoît XIV, dans son « *de Synodo* » fait remarquer qu'elle a été confirmée par la pratique (2) Nous voyons, en effet, après Trente et par procureur, célébrer de nombreux mariages princiers, notamment :

En 1600, le mariage d'Henri IV et de Marie de Médicis;

En 1615, le mariage de Louis XIII et d'Anne d'Autriche avec, comme procureur de Louis, le duc de Lerme;

En 1660, le 9 juin, à Saint-Jean-de-Luz, le mariage de Louis XIV et de l'infante Marie-Thérèse, don Luiz de Haro étant le procureur du Roi de France;

En 1739 et le 24 février, le mariage de Madame

---

(1) SANCHEZ, *de Matr.*, liv. II, disp. XI, nᵒˢ 19, 20 et 21.
(2) BENOIT XIV, *de Synodo*, liv. XIII, cap. XXIII, nᵒ 9.

avec l'infant d'Espagne don *Philippe*, troisième fils de *Philippe* V, roi d'Espagne, le duc d'Orléans étant le procureur de don *Philippe*;

En 1744, et le 18 décembre, à Madrid, le mariage du Dauphin de France avec Marie-Thérèse-Raphaële, infante d'Espagne, Ferdinand, prince des Asturies, représentant le Dauphin;

En 1747, à Dresde, le 9 février, le mariage du même Dauphin, devenu veuf, avec la princesse de Saxe;

Enfin, le 11 mars 1810, à Vienne, le mariage de Napoléon Ier et de l'archiduchesse d'Autriche Marie-Louise, l'archiduc Charles représentant Napoléon.

Au surplus, les raisons données par les partisans de la suppression des mariages entre absents par le Concile de Trente sont d'ailleurs des plus vagues :

Contrairement, en effet, à ce qu'ils avancent, les paroles : « *Ego vos conjungo* » ne sont pas le moins du monde essentielles et le curé, ainsi que le dit lui-même le Décret « *Tametsi* » peut les changer et prononcer telles paroles que d'usage, d'après la coutume de la région où se célèbre le mariage. Il peut, par exemple, fort bien dire, si pour l'une des parties se présente un procureur : « *Vis in uxorem Semproniam nomine Titii ?* » et sur la réponse affirmative de ce procureur demander à l'autre partie : « *Vis in maritum Titium mediante praesenti suo procuratori ?* » et déclarer à la femme : « *Ego te in matrimonium conjungo* cum Titio, mediante praesenti suo procuratore » (1). Et, ce faisant, ledit curé n'enfreindra nullement les décisions du Concile, à condition que cela se passe devant les témoins nécessaires.

Par ailleurs, on a voulu voir, dans la « Ratihabitio », conseillée par les Docteurs, la célébration du mariage, cette fois entre les parties présentes, et on en a conclu que la première célébration par procureur n'était pas valable. C'était aller un peu loin et avec Sanchez et bien d'autres, Benoît XIV a remis les choses au point en disant : « Quare subsequens ratihabitio matrimonii sic contracti coram Ecclesia est mera ceremonia accidentalis, quae solummodo additur ad majorem solemnitatem extrinsecam vel perfectiorem probationem » (2). La « Ratihabitio » n'est donc pas la célébration proprement dite du mariage, elle est seulement le moyen d'annoncer, d'une manière officielle et tangible dans le lieu du domicile réel des nouveaux époux le mariage déjà célébré ailleurs par procureur. Elle est, de plus, facultative et conseillée seulement par les canonistes dans le but de donner une plus grande publicité au mariage, le véritable point de départ de celui-ci demeurant la célébration par procureur, par lettre ou par interprète ou messager.

Passant à un autre ordre d'idées, on a également-

(1) Petro GASPARRI, Tractatus Canonicus de Matrimonio, vol. II, chap. v, n° 836.

(2) BENOIT XV, de Synodo, liv. XIII, chap. xxiii, n° 836.

ment prétendu que le curé et les témoins ayant à se préoccuper de la continuité de la volonté dans le consentement, ne pourraient pas s'en assurer dans le cas d'un mariage entre absents. A cela nous répondrons avec Mgr ROSSET (1) :

Que ni le curé ni les témoins n'ont à témoigner de la validité du mariage au for interne, ils ne doivent en témoigner qu'au for externe, et, pour eux, le consentement donné par le procureur au nom du mandant est valable tant que ce dernier n'a pas démontré qu'il ne l'a pas donné, ou que, l'ayant donné, il est revenu sur sa décision antérieurement à la célébration. Nous verrons d'ailleurs plus tard, dans un chapitre spécial, ce que sont exactement le curé et les témoins (2).

Enfin, si les mariages entre absents ont des inconvénients multiples, il faut se rappeler qu'ils ne peuvent être autorisés que pour des causes graves et par l'Evêque, ainsi que nous le dirons plus loin (3), et il est certain que cette autorisation sera une garantie suffisante contre la possibilité de survenance de ces inconvénients, car il est à présumer qu'elle ne sera donnée qu'à bon escient.

D'ailleurs, actuellement, la majorité de la Doctrine s'est prononcée (4) : le mariage entre absents

(1) Mgr ROSSET, de Sacr. Matr., liv. I, chap. II, n° 216, parag. 4.

(2) Voir infrà, pages 105 et suivantes.

(3) Voir infrà, pages 119 et suivantes.

(4) Cf. CABASSUT, Juris Canonici, 1709; saint Alphonse de

est et demeure valable. Les ouvrages liturgiques, la jurisprudence et le droit récent confirment d'ailleurs en cela la doctrine :

C'est tout d'abord le « RITUALE ROMANUM » de Paul V (1605-1621) qui s'exprime ainsi parlant de la célébration du mariage : « *Nec sufficit consensus unius, sed debet esse amborum, et expressus aliquo signo sensibili, sive fiat per se*, SIVÉ PER PROCURATOREM » (1).

C'est ensuite la jurisprudence qui se prononce à son tour d'une manière formelle, et nous aurons l'occasion de citer plusieurs de ses décisions quand nous étudierons dans le détail le fonctionnement des divers modes du mariage entre absents; pour l'instant, nous allons nous borner à relever une sentence du 10 juillet 1728 de la Sacrée Congrégation des Cardinaux interprètes du Sacré Concile de Trente, sentence citée par ZAMBONI et se rapportant au cas particulier du mariage par lettre : « *Matrimonium Jure communi potest etiam contrahi per litteras, praesertim si litterae a viro missae fuerint* » (2).

LIGORI, *Théologie Morale*, 1847, tome III, liv. VI, chap. II, n° 884 et suiv.; REIFFENSTUEL, *Jus Canonicum*, 1865, tome I, liv. I, titre XXXVIII, par. 3, n° 67; Antoine BALLERINI, édité par Dominique PALMIERI, *Opus Theologicum morale*, 1892, traité X, n° 454 et suiv., etc...

(1) RITUALE ROMANUM, de Paul V (1605-1621), édition récente de 1886, titre VII, chap. II, page 277.

(2) ZAMBONI, « *Collectio Declarationum Sacrae Congregationis Cardinalium Sacri Concilii Tridentini interpretum* » au mot « MATRIMONIUM », paragraphe 12.

Et c'est enfin le Nouveau Code de droit canon édité tout dernièrement, qui confirme la possibilité du mariage par procureur et par interprète dans ses canons 1088 et 1090 :

Canon 1088 : « *Ad matrimonium valide contra_ hendum necesse est ut contrahentes sint praesentes sive per se ipsi, sive per procuratorem.* »

Canon 1090 : « *Matrimonium per interpretem quoque contrahi posse* » (1).

· Les Canons 1089 et 1091 déterminent l'application des deux précédents et nous les retrouverons au cours de notre étude.

Maintenant, nous devons à la vérité de dire que ce Nouveau Code est demeuré muet sur le point de savoir si le *mariage par lettre* était encore valide et nous renvoyons à plus tard la discussion qu'il convient de faire à ce sujet. Nous ferons aussi la même remarque en ce qui concerne le *mariage par messager*, le Code de 1917 paraissant prendre *le mot* « *interprète* » dans son sens usuel de « *traducteur de paroles* ».

Quoi qu'il en soit, et ces deux derniers points demeurant réservés pour la période actuelle, il est acquis qu'après comme avant le Concile de Trente les mariages entre absents soit par procureur, soit par lettre, soit par interprète ou par messager sont

---

(1) *Codex Juris Canonici, Pii X, Pontificis Maximi jussu digestus, Benedicti papae XV auctoritate promulgatus praefatione, fontium annotatione et indice ab Eminentissimo Petro, card. Gasparri, auctus*, Rome, 1918.

valides et dans les chapitres qui vont suivre nous
allons en étudier séparément les formes et les conditions de validité, dans l'ordre d'ailleurs que
nous venons de leur assigner.

Toutefois, avant de nous livrer à cette étude,
nous allons donner le récit du mariage de Napo-
léon Ier et de Marie-Louise, d'après le très intéressant ouvrage de *Welschinger* : « *Le Divorce de
Napoléon* » (1) :

Donc, le 7 février 1810, le Ministre des Affaires
étrangères, Champagny, informait officiellement
l'ambassadeur français à Vienne de la demande en
mariage et de l'envoi de Berthier, prince de Neufchâtel, comme ambassadeur extraordinaire de
l'Empereur, chargé par lui des formalités officielles. Et cela à suite de l'accord intervenu entre lui,
Champagny, et le négociateur autrichien Schwarzenberg sur les termes d'un contrat ainsi rédigé :

ARTICLE PREMIER. — Il y aura mariage entre Sa
Majesté l'Empereur Napoléon, roi d'Italie, protec-
teur de la Confédération du Rhin, médiateur de la
Confédération suisse, et Son Altesse Impériale et
Royale, Madame l'archiduchesse Marie-Louise,
fille de Sa Majesté l'Empereur François roi de
Hongrie et de Bohême.

« ARTICLE SECOND. — Sa Majesté l'Empereur
des Français enverra à Vienne un Grand de sa

(1) WELSCHINGER, *Le Divorce de Napoléon*, chap. IX,
page 158 et suiv.

Cour pour faire solennellement la demande en mariage de la Sérénissime Archiduchesse Marie-Louise. Sa Majesté l'Empereur d'Autriche l'accordera sur le champ, et dans les huit jours qui suivront la demande le mariage sera célébré *par paroles de présent* et conformément à l'usage et à l'étiquette de la Cour de Vienne. »

Un troisième article, dit article séparé, prévoyait l'usage de la langue française pour les actes du mariage.

Le 23 février, l'Empereur Napoléon adressait à l'Empereur d'Autriche la lettre suivante :

« Monsieur mon Frère,

« Je fais partir demain mon cousin, le vice-connétable prince de Neufchâtel, pour demander à Votre Majesté Impériale l'archiduchesse Marie-Louise, sa fille, en mariage. Les hautes qualités qui distinguent si éminemment cette Princesse, l'avantage précieux qu'Elle a de Lui appartenir, me font désirer vivement cette union. On me fait espérer que Votre Majesté voudra y consentir. Je ne tarde donc pas un moment et j'envoie le comte Lauriston, mon aide de camp, déjà connu de Votre Majesté, pour lui porter cette lettre. Je le charge de lui faire connaître le prix que je mets à cette alliance. J'en attends, pour moi et mes peuples, beaucoup de bonheur. « Napoléon. »

(Cette lettre était entièrement écrite de la main de l'Empereur.)

Trois jours après, le 26, dans une autre lettre,
celle-ci adressée à son Ministre des Relations extérieures et prescrivant à ce dernier d'informer de
son mariage ses représentants à l'étranger, Napoléon disait notamment ceci :

« ... La demande ayant été faite, et l'Empereur
d'Autriche l'ayant agréée, j'ai fait partir le *Prince*
de Neufchâtel *avec la mission de procéder aux
fiançailles solennelles et d'assister comme témoin
au mariage qui devra être accompli par un des Ar-
chiducs* « *per procurationem* », le 6 mars, à
Vienne... »

La Cour de Vienne, avertie de l'arrivée de
Berthier se prépara à le recevoir magnifiquement
et s'inspira pour régler les détails des diverses cé-
rémonies du mariage du cérémonial qui avait
servi pour le mariage du Dauphin de France, le
futur Louis XVI, avec Marie-Antoinette. Le prince
Estherazy fut chargé de la réception et, à cette
occasion, complimenta le prince de Neufchâtel au
nom de l'Empereur, puis le conduisit au palais du
prince de Schwarzenberg. Le 5 mars, le comte de
Schaffgotsch, grand maître de la Cour, le prince
Jean de Lichtenstein, feld-maréchal et gouver-
neur de Vienne vinrent le chercher avec une suite
nombreuse et brillante. Le cortège défila à travers
des rues pavoisées, pleines d'une foule enthou-
siaste, au milieu des acclamations, des chants et
des airs de musique. Le prince de Neufchâtel fut
ainsi mené au château impérial où de somptueux

appartements lui avaient été réservés, les tabans formant sa garde d'honneur.

Le lendemain il assista à un dîner de famille dans les appartements réservés de l'Impératrice, et le soir à un grand bal donné dans la salle de la Redoute. La famille impériale et quatre mille membres de la noblesse autrichienne participèrent à cette soirée où un luxe inouï fut étalé.

Le 7 mars, Berthier reçut diverses députations et enfin, le 8, il se rendit au palais impérial où il fut reçu par le prince Zinzerdorff et le Grand Maître de la Cour. Ici, laissons parler Welschinger :

« ... On le conduisit à la salle d'audience. Là l'Empereur environné de sa famille et de ses principaux courtisans l'attendait, placé sur son trône et sous un dais. Il descendit les degrés de l'estrade en signe d'affection et d'estime, puis il écouta la harangue de l'ambassadeur. Le prince de Neufchâtel, après la demande officielle, fit l'éloge de l'Archiduchesse et déclara qu'*elle assurerait le bonheur d'un grand peuple et celui d'un grand homme.* L'Empereur d'Autriche répondit qu'il croyait aux assurances de tranquillité et de bonheur qu'on lui apportait. Il affirma que ses peuples voyaient dans cette alliance le gage assuré de leur bien-être mutuel. Et ce ne fut pas sans émotion qu'il prononça cette phrase solennelle : « *J'ac-*
« *corde la main de ma fille à l'Empereur des Fran-*
« *çais.* »

« A ce moment parut l'Archiduchesse Marie-Louise. Elle s'approcha de l'Empereur, lui fit une

profonde révérence, s'inclina vers l'ambassadeur et se plaça sous le dais à la gauche de son père. Le prince de Neufchâtel la complimenta et lui dit qu' « *il serait beau de voir unir sur un grand trône au génie de la puissance les attraits et la grâce qui la font chérir.* » Il lui demanda si elle partageait les vœux et les sentiments de son maître. Marie-Louise répondit : « La volonté de mon père a cons-
« tamment été la mienne, mon bonheur restera
« toujours le sien. Je donne, avec la permission de
« mon père, mon consentement à mon union avec
« l'Empereur Napoléon. »

Alors le prince lui remit un magnifique petit portrait de Napoléon peint par Saint et entouré de seize solitaires valant un demi-million, portrait que la princesse fit à l'instant attacher à son cou. L'audience était terminée, la cérémonie de l'acceptation accomplie.

Après quoi Berthier fut rendre visite à l'Impératrice *puis à l'archiduc Charles pour prier ce dernier de remplacer l'Empereur Napoléon dans la' cérémonie du mariage à Vienne.* L'Archiduc se déclara très satisfait de ce choix et le contrat ayant été signé le 9 mars le mariage eut lieu le 11 avec un luxe et une pompe sans pareils dans l'Eglise des Augustins, en présence de l'Empereur d'Autriche, de toute sa famille, de la Cour, de l'Archevêque de Vienne, de plusieurs évêques et de leur clergé.

Enfin la cérémonie de la « *Ratihabitio* » avait lieu à *Paris*, le 1er avril, devant les officiers de

l'Etat civil français et le 2 devant les autorités religieuses.

Il convient de noter qu'à l'occasion de cette
union fonctionna le système de la sous-délégation.
Berthier, en effet, qui avait été le procureur de Napoléon pour la cérémonie des fiançailles passa ses
pouvoirs pour la célébration elle-même du mariage à l'Archiduc Charles et cela en vertu des instructions conformes de l'Empereur. Les principes
de l'institution du mariage par procureur, principes que nous allons étudier, étaient donc saufs : le
sous-délégué ayant été prévu par le délégateur (1).

(1) Voir *infrà*, page 77.

CHAPITRE II

Le Mariage par Procureur.

PREMIER POINT. — *Exposé du Système*. — *Origine Biblique du Procureur*.

Le mariage par procureur est le mode le plus usité dans le mariage entre absents, et cela se comprend aisément si l'on considère que pour beaucoup de personnes la solennité est de rigueur dans la cérémonie du mariage; or, quelle solennité la simple lecture d'une lettre peut-elle bien apporter à cette cérémonie ? Et n'est-il pas plus normal que l'époux absent soit représenté par une personne agissant en son nom, tenant ses lieu et place. Le décorum y gagne et la liturgie n'y perd pas.

I. — *Quel est donc le mode de fonctionnement du Mariage par Procureur et en quoi ce Mariage consiste-t-il?*

Le mariage par procureur est celui qui permet à une personne nommée « *procureur* » de contrac-

ter mariage au nom de l'une des parties, appelée
« *mandant* », et sur mandat spécial ou « *procuration* » de cette dernière, avec la seconde partie présente à la cérémonie et nommément désignée dans
ladite procuration.

Il y a donc dans ce mode de mariage trois éléments essentiels qui en constituent l'originalité,
ces trois éléments sont : *le mandant, la procuration et le procureur.*

Nous aurons donc à étudier séparément chacun
de ces éléments, puis à exposer les rôles tenus à
l'occasion d'un tel mariage par le curé et les témoins d'une part, et, par l'évêque ou Ordinaire
d'autre part.

Mais auparavant nous dirons un mot de l'origine
biblique du procureur :

II. — *Origine Biblique du Procureur.*

Cette origine se trouve dans le mariage d'Isaac
fils d'Abraham, avec Rebecca, fille de Batuel.
Nous avons déjà fait allusion à ce mariage lorsque
nous avons traité de la validité en général des mariages entre absents (1), nous allons maintenant
savoir de quelle façon Eliezer le conclut au nom de
son maître Isaac.

Le fait nous est rappelé de la Genèse par une
Glose du Décret de Gratien qui s'exprime ainsi :

(1) Voir *suprà*, page 35.

« *Historia legitur in Genesi, quod Eliezer servus Abrahae de mandato domini sui, fuit in Mesopotama pro accipienda uxore fiilio suo Isaac de domo Batuelis. Qui cum venisset ad domum Batuelis patris Rebeccae, dedit munera Rebeccae et parentibus et fratribus suis : qui, exposita voluntate domini sui cum postea vellet redire et illi rogarent eum ut aliquot diebus adhuc maneret puella cum eis, ipse dixit : Nolite me detinere : quia direxit dominus viam meam, et dixerunt : vocemus puellam, et quaeremus voluntatem ejus. Et cum fuisset vocata, quaesierunt ab ea : vis ire cum homine isto ? Quae aït : Vadam. Et sic dimiserunt eam et nutricem ejus et servum Abrahae. Cum autem egrederetur Isaac ad meditandum in agro, quaesivit Rebecca quis esset, et tunc respondit Eliezer : Dominus meus est,* CUI DUCTA ES IN UXOREN, *et ipsa statim descendit; et tollens theristrum, cooperuit caput suum : deinde accepit eam in domum suam* » (1).

Et nous traduisons : « La Génèse rapporte qu'Eliezer, serviteur d'Abraham, s'en fut en Mésopotamie, sur l'ordre de son maître, afin d'aller chercher une épouse pour le fils de celui-ci, Isaac, dans la maison de Batuel. Quand il fut arrivé chez ledit Batuel, père de Rébecca, il offrit des présents à cette dernière, à ses parents et à ses frères, et leur ayant exposé la volonté de son maître il s'ap-

---

(1) DECRETUM GRATIANIS, 1562, *Decreti secunda pars, causa XXXII*, quaestio II, canon 13 : « *Honorantur* », Glose.

prêta à repartir et à toutes ces gens, qui le sup-
pliaient de leur laisser quelques jours encore la
jeune fille, il répondit : « Ne me retenez pas parce,
« que mon maître a tracé ma route. » Alors, les
parents de dire : « Nous allons appeler Rébecca et
« lui demander son consentement. » La jeune fille
ayant donc été appelée, ils lui demandèrent :
« Veux-tu partir avec cet homme ? » Ce à quoi
elle répondit : « J'irai. » Et les siens la mirent
alors en route avec sa nourrice et le serviteur
d'Abraham. (A leur arrivée, ces derniers aperçu-
rent) Isaac qui était allé aux champs pour travail-
ler et Rébecca demanda quel était cet homme :
« C'est mon maître, lui répondit Eliezer, celui au-
« quel je te conduis comme épouse. » Et Rébecca
descendit aussitôt vers lui, et saisissant un voile
en couvrit sa tête, puis Isaac la reçut dans sa maison. »

Ce récit biblique nous montre nettement réunis
dans le mariage d'Isaac les éléments essentiels du
mariage par procuration : le mandant n'est pas
ici, à la vérité, l'intéressé lui-même, mais son
père qui parle d'ailleurs en son nom et donne mandat (verbal sans doute) à son serviteur Eliezer, qui
devient par cela même *le procureur*, d'aller recevoir comme l'épouse de son fils la fille de Batuel:
*Il y a donc : un mandant, un procureur et une
procuration*, celle-ci déterminant la personne qui
a été choisie pour femme. C'est là, de toute évidence, le type même du mariage par procureur tel

que nous le retrouvons dans le droit canonique, et
ce type de mariage n'existant pas en droit romain
nous sommes, ou plutôt nous croyons être fondés
à dire qu'en cette matière la Bible a inspiré le droit
canon.

DEUXIÈME POINT. — *Des Éléments essentiels du*
Mariage par Procureur:
le Mandant, le Procureur, la Procuration.

PREMIER ELÉMENT. — **Le Mandant.**

Le mandant dans le mariage par procuration
est celui des deux futurs époux qui, se trouvant
absent au moment de la célébration, a délégué
pour le représenter à l'acte une tierce personne. A
son sujet, il convient de se poser deux questions
qui viennent naturellement à l'esprit :

1° QUI PEUT ÊTRE MANDANT ?

2° DANS QUELLES CONDITIONS DE CAPACITÉ DOIT-
IL SE TROUVER AU MOMENT DU MARIAGE ?

Et tout d'abord demandons-nous

I. — *Qui peut être Mandant?*

En droit romain, comme nous l'avons dit plus
haut (1), l'homme seul pouvait faire usage des
« *Litterae* » ou du « *Nuncius* », cette faculté n'était
pas accordée à la femme.

_____

(1) Voir *suprà*, pages 18 et suivantes.

En droit canon, au contraire, les deux époux, la femme comme l'homme, peuvent également contracter mariage par procureur, la jurisprudence et les auteurs sont d'accord sur ce point.

Nous verrons, en effet, en traitant de la révocation de la procuration un cas de mariage par procureur où le mandant est une femme (1); il s'agit en l'espèce, du jugement de la Sacrée Congrégation, en date du 5 juillet 1727, que nous citerons d'après la collection de PALLOTINI et qui a déclaré valable le mariage contracté par une nommée Elisabeth de Ghirardis et par procureur, avec un certain Hieronyme de Raphaëls. Ce n'était d'ailleurs pas la validité de la procuration envisagée par rapport à la personne du mandant qui était en cause, mais simplement le point de savoir si le mandat avait été donné en toute liberté d'esprit par ladite demoiselle de Ghirardis.

Les auteurs, d'autre part, sont unanimes à reconnaître et à constater la pratique constante de l'Eglise qui, de tout temps, a autorisé les femmes à contracter mariage par procureur (2).

Une telle pratique, en effet, est absolument logique, car, dès l'instant que le mariage est valable de par l'énoncé seul du consentement des époux, il est tout naturel que si l'un de ceux-ci peut exprimer autrement que par lui-même ce dit consentement, l'autre puisse agir de la même façon.

(1) Voir infrà, page 98.
(2) Mgr ROSSET, ouvrage et chapitre déjà cités, n° 227.

De toute évidence toute autre solution serait contraire au bon sens.

Et nous entendons très bien d'ailleurs l'objection ou plutôt la remarque que l'on peut nous faire à ce sujet :

« Vous prétendez, nous dira-t-on, que le mariage se forme en droit canon par le seul consentement des époux, et vous vous appuyez sur cela pour donner à ceux-ci un droit égal en ce qui concerne l'usage de la procuration, MAIS IL EN ÉTAIT DE MÊME EN DROIT ROMAIN, LE DROIT IMPÉRIAL EST CERTAIN SUR CE POINT, ET CEPENDANT A ROME L'HOMME SEUL POUVAIT AGIR PAR « NUNCIUS ». Comment, dès lors, expliquerez-vous cette différence de traitement ? »

A cela nous avons déjà répondu en parlant en temps et lieu de la « Deductio in domum mariti » (1): Le mariage romain, et nous ne l'avons pas contesté, se formait, tout comme le mariage chrétien, par le consentement des parties. Mais, de même que le droit canon, après le Concile de Trente, a exigé la solennité de la cérémonie pour prévenir l'Eglise et les tiers de la conclusion de la nouvelle union, de même le droit de Rome exigeait qu'il existât des preuves de cet acte important. Et la « Deductio in domum mariti » était au premier chef la preuve visible de la volonté qu'avaient les nouveaux conjoints de vivre désor-

(1) Voir suprà, page 18 et suivantes.

mais comme mari et femme. Mais, ainsi d'ailleurs
que nous l'avons fait remarquer, cette « *Deductio* » *ne pouvait avoir lieu que dans la personne de
la femme*, et nous avons dit également pour quelle
raison il fallait absolument que cette dernière fût
présente. Evidemment, nous comprendrions très
bien aujourd'hui que la dite femme se fasse représenter par une tierce personne dans une opé-
ration de ce genre (nous ne raisonnons toujours
qu'au point de vue du droit canon et laissons de·
côté le droit civil français de l'heure présente),
mais les Romains, plus formalistes, voulaient que
ce fût la femme elle-même qui fît sa soumission
dans la maison du mari : il était dès lors impossible pour elle de déléguer un « *Nuncius* » (1).

Il est donc établi qu'en droit canonique
l'homme et la femme ont un droit égal à user du
procureur, des lettres ou de l'interprète, car il n'y
a, quant à ce, aucune différence à faire entre les
divers modes de mariage entre absents; il nous
reste maintenant à nous demander quelles conditions de capacité devront être réunies par les man-
dants, soit au moment de la collation du mandat,
soit au moment même de la célébration du mariage.

_____

(1) « *Vir absens uxorem ducere potest, femina absens
nubere non potest* », Paul, *Sentences*, 2, 19, 8.

II. — *Des conditions de Capacité du Mandant.*

En premier lieu, il importe de constater qu'au moment où il donne la procuration le mandant devra naturellement réunir toutes les conditions ordinaires de capacité exigées pour pouvoir validement contracter mariage, c'est-à-dire qu'à ce moment-là il devra être apte au mariage èt dégagé de tout empêchement en vue de cette fin. Nous n'insistons pas sur ces conditions qui ne sont point particulières au cas qui nous occupe et qui sont les mêmes pour toutes sortes de mariages, pour le mariage entre absents comme pour le mariage entre présents.

Mais que conviendra-t-il de décider si le mandant ayant donné sa procuration alors qu'il se trouvait *être dans les conditions requises, celles-ci viennent à se modifier par la suite et antérieurement au mariage ?*

Pas de difficulté, bien entendu, si ledit mandant vient à décéder sans que son procureur en soit averti, le mariage célébré dans ce cas est naturellement nul. *Mais, par contre, quelle solution faudra-t-il adopter si ce mandant devient fou après avoir constitué procureur ?*

Ici, comme toujours, les théologiens discutent :

De Lugo (1), dont l'opinion est adoptée par

---

(1) De Lugo, *De Sacramento in genere*, disp. 8, n° 108 et Son Eminence le cardinal Gasparri, ouvrage et chapitre cités, n° 837.

Son Eminence le Cardinal GASPARRI, prétend que
la folie amène le même résultat que la mort et,
par conséquent, annule comme cette dernière
tout consentement. Il va même jusqu'à dire que
si l'on a passé outre et célébré le mariage, celui-ci
ne peut être validé par la suite lorsqu'après guéri-
son le mandant est à même de certifier la persis-
tance de son consentement : « ... *Nam consen-*
sus in mandante per amentiam deficit sicut im
mortuo; deficiente igitur consensus ex una parte
matrimonium nec valide iniri nec per sanationem
vere convalidari potest ». Pour les partisans de
cette doctrine la folie, équivalant à la mort, met le
fou hors du commerce des hommes et le rend naturellement incapable d'agir soit par lui-même,
soit par procureur, quel que soit l'acte qu'il veuille
accomplir, une profession de foi religieuse par
exemple. Nous venons de dire : « *Qu'il veuille ac-*
complir », il faut lire de toute évidence : « *Qu'il ait*
voulu accomplir avant de perdre la raison ».

Il faut cependant reconnaître que parmi les auteurs qui professent cette opinion tous ne sont pas
aussi exclusifs que DE LUGO et Son Eminence le
cardinal GASPARRI, c'est ainsi que TAMBURINI soutient que « folie » ne doit pas être pris dans son
sens rigoureux de « perte définitive de la raison »
mais plutôt dans son sens atténué « d'absence mo-
mentanée des facultés de raisonnement » : « *Noto*
locutionem esse de vera amentia, non autem de
phrenesi ad aliquod tempus, haec enim aequipara-
tur ebrietati et non amovet hominem a statu hu-

mano » (1). Pour lui donc la folie passagère ne met pas le fou hors du commerce des hommes et le laisse capable d'agir par l'intermédiaire d'autrui, tout comme un homme qui serait simplement en état d'ivresse.

En outre, prévoyant l'objection par analogie tirée du baptême d'un enfant nouveau-né et qui pourrait leur être opposée, les partisans de l'impossibilité pour le fou de contracter mariage par procureur répliquent que dans le cas du baptême l'enfant n'est pas le ministre du sacrement, tandis que dans le mariage ce rôle de ministre appartient conjointement aux deux époux, et cela est exact.

Par contre, SANCHEZ, BILLUART, BOSSIUS, GIRIBALDI, WIESTNER, CABASSUT, etc., pensent de leur côté que le mandat une fois valablement donné le mandant n'a plus qu'à *persévérer moralement* dans sa résolution. Seules d'après eux *une révocation formelle ou la mort* peuvent faire cesser le mandat. Et ils donnent comme argument que le catéchumène adulte qui a désiré le baptême le recevrait valablement alors même qu'il le recevrait étant endormi :

« ... *Quia perduret prior consensus virtute, cum non sit obex contrariae voluntatis : ut qui prius baptizari voluit, si dormiens baptizetur, verum recipit baptisma.* »

« ... *Hinc infertur, si procuratore misso, dans*

---

(1) TAMBURINI, liv. VIII, titre IV, chap. IV, n° 13.

mandatum in amentiam incidat, et talis perseve-
ret dum procurator nomine suo contrahit, valere
matrimonium : manet enim virtute prior consen-
sus, cum revocatus non sit : sicut baptismus furiae
tempore receptus, petitus ante furiam, validus,
sicuti si tunc temporis esset dormiens, valeret ma-
trimonium. Objicies tamen si sacerdos audita con-
fessione amens fieret, et sic absolveret, nulla esset
absolutio : quia ministri matrimonii et non procu-
rator, ut dicimus, ergo si tempore quo consensum
praebet procurator, qui mandatum dedit, rationis
usus destitutus sit, erit irritum matrimonium. —
Resp. : Argumentum concludere per se ipsum,
contrahentem necessario debere esse sui compo-
tem, dum contrahit, unde nihil ageret si dormiens
vel insanus tunc esset : at dum contrahit per pro-
curatorem satis est, ut dum mandatum dedis, sui
compos esset, nec revocavit, et procurator dum
ejus praestat consensum sit sui compos: ut in coe-
teris contractibus contingit, quia tunc contrahens
non ministrat per se ipsum sed medio instru-
mento » (1).

Et, plus récemment encore, en désaccord com-
plet d'ailleurs avec son Eminence le cardinal GAS-
PARRI qui continue les opinions de de LUGO,
Mgr ROSSET, dans son ouvrage si souvent cité au
cours de cette étude, soutient comme Sanchez,
Bossius, etc., que le mariage contracté par un pro-

---

(1) SANCHEZ, *de Sacramento Matrimonii*, tome I, livre II,
disp. XI, nᵒˢ 11 et 12.

cureur au nom d'un mandant devenu fou postérieurement à l'octroi de la procuration est parfaitement valable (1).

Pour Mgr Rosset, en effet, s'il est vrai que la
mort brise tout et rende tout contrat impossible, il
ne s'ensuit nullement que la folie amène les mêmes effets, et, à son avis, le fou demeure malgré
tout sujet actif et passif de droits. Il ne peut, à la
vérité, acquérir ou contracter par lui-même, mais
il le peut par l'intermédiaire de son tuteur, et il
conserve de toute façon la possession. Si donc
avant de perdre la raison ce fou avait donné mandat à une tierce personne de contracter mariage
en son nom, il faut supposer que la volonté qu'il
avait ainsi exprimée demeure moralement exis-
tante nonobstant sa folie, de même que l'on sup-
pose la persévérance du consentement chez le
mandant qui, au moment de la célébration, se
trouve en état de sommeil ou en état d'ivresse.

A notre humble avis, cette thèse de la persévérance morale du consentement à travers la folie
est évidemment très séduisante, mais elle nous paraît pêcher par la base parce que trop spéculative.
En voulant, en effet, discuter uniquement sur la
continuité supposée de la volonté du mandant,
elle s'éloigne de la réalité pratique et des principes
généraux du droit. Au lieu de s'attarder à des com-
paraisons plus ou moins heureuses avec les consé-

quences de l'ivresse et du sommeil, il vaudrait
beaucoup mieux que ses partisans revinssent aux
conditions générales qui rendent les gens habiles
à contracter mariage. S'ils songeaient un seul instant à rappeler leur attention sur ces conditions ils
s'apercevraient que pour pouvoir valablement contracter mariage il faut être capable de donner
au moment de l'acte un consentement sincère et
réfléchi, ce dont le fou est totalement incapable.

Or, dans le mariage par procureur, tout comme
dans le mariage entre présents, il faut envisager
la capacité du mandant *au moment même de l'acte*
et se demander si, à cet instant, ledit mandant est
encore habile à contracter. S'il n'est plus habile à
contracter, la procuration ne saurait plus être valable et si la raison revenait à l'intéressé, ce dernier devrait donner un mandat nouveau pour at-
teindre le but désiré, une nouvelle célébration
étant devenue nécessaire par suite de l'invalidité de
la première. Bien entendu, la folie survenue après
la collation du mandat, mais guéri ou seulement
disparue passagèrement lors de la célébration,
n'annulerait pas la procuration (1) et, dans ce cas-

(1) Voir dans ce sens :

1° *Les Décrétales* de Grégoire IX, liv. III, titre I, cap. *Di-
lectus de Sponsalibus*, Glose sur le mot « *furore* » :

« ... *Si tempore contracti matrimonii, taliter laborabat,
non fuit matrimonium..., si tamen tempore sanae mentis
contravit : durat...*

2° *Le Décret de Gratien*, 2ᵉ partie, cause 32, question 8,
canon 26, Glose des mots « *Neque furiosus, neque furiosa* ».

là, interviendrait naturellement la théorie de la
persévérance du consentement, si chère à Mgr Ros-
SET.

Donc, nous sommes pleinement d'accord,
quant aux effets, avec ceux qui veulent attribuer à
la folie le pouvoir d'annihiler totalement la volonté du mandant pour tout le temps de sa mala-
die ou plus exactement de ses crises. Toutefois,
nous étayons notre opinion sur la seule base qui
nous paraisse véritablement juridique : l'inhabileté du fou à contracter mariage, inhabileté d'ailleurs reconnue par le droit (1).

Au surplus, la controverse est close à l'heure actuelle puisque le canon 1089 du Nouveau Code de
droit canonique de 1917, donnant raison à Son
Eminence le cardinal GASPARRI, a décidé que la
folie du mandant survenant après la collation du
mandat entraînerait l'invalidité du mariage néan-
moins contracté :

3° SANCHEZ, *De Matrim.*, liv. I, disp. VIII, n° 85 et suiv.
au tome Ier.

4° Une décision de la Bote du 7 janvier 1918, dans la
cause de Victor Iurgens et de Jeanne de Hoga de Bois-le-Duc
(Buscoducens), Hollande, et surtout les arguments du cardinal ponant, le doyen SEBASTIANELLI (*Acta Apostolicae Sedis*, année X, tome X, page 517, numéro du 5 décembre 1918).

Le tout ne concluant à l'habileté du fou à contracter mariage que pendant ses moments de lucidité.

(1) Le *Nouveau* Code de droit canon ne permet d'adminis-
trer aux fous qu'il traite comme des enfants privés de raison, que les sacrements de Baptême (canon 753) et de Con-
firmation (canon 786).

« *Si antequam procurator nomine mandantis contraxerit, hic mandatum revocaverit,* AUT . IN AMENTIAN INCIDERIT, *invalidum est matrimonium, licet sive procurator sive alia pars contrahens haec ignoraverint* ».

Cependant la discussion reste entière sur le point de savoir si cette folie même disparue au moment de l'acte a révoqué la procuration, et ici, ainsi que nous l'avons indiqué il n'y a qu'un instant, nous nous rallions à l'opinion de Mgr Ros-SET, *et nous nous prononçons pour la négative,* faisant notre, sur ce point particulier, la théorie de la persévérance du consentement.

Notons, en terminant cette rapide étude de la capacatié du mandant, et ce à titre purement spéculatif, une curieuse hypothèse faite par de Lugo. Il s'agit, en l'espèce, du cas d'un individu qui deviendrait subitement fou après qu'il aurait entendu l'expression du consentement de son conjoint et exprimé à son tour le sien propre, sans que cependant ce dernier ait eu le temps de parvenir à la connaissance dudit conjoint. En cette occurence, dit de Lugo, le mariage serait parfaitement valide :

« *Si tamen contingeret, ut postquam primus conjux consensum praestitit, et expressit, alter suum consensum exprimeret, et statim amitteret usum rationis, antequam ejus consensus a primo conjuge perciperetur validum esset sacramentum et perfectum cum primum conjux prior verba posterioris et ejus consensum perciperet. Tunc perficietur sacramentum, quando minister, qui ultima verba protulit, non esse compos sui : quod facilius posset contingere si mutuos consensus per epistolas sibi invicem conjuges transmitterent »* (1).

La solution du célèbre canoniste se comprend très bien, attendu que celui qui exprime le premier son consentement accepte par là-même la réponse affirmative de son conjoint et qu'il n'est pas utile, dès lors, pour que le mariage soit valable, qu'il ait entendu cette réponse. Mais, comme le fait fort justement remarquer l'auteur de l'hypothèse, un cas semblable ne peut guère se présenter que dans le mariage par lettre, lorsque l'époux absent a perdu la raison peu de temps après la cérémonie à laquelle sa lettre le représentait.

Deuxième Elément. — Le Procureur.

Le procureur au mariage est la personne qui, ayant reçu mandat de contracter mariage pour une autre personne représente cette dernière lors de la célébration et donne pour elle le consentement.

Mais : Qui peut être procureur ? et Quels sont les pouvoirs du procureur ?

Telles sont les deux questions auxquelles nous allons maintenant répondre.

(1) De Lugo ; *De Sacramentis in Genere*, disp. 8, n° 109.

I. — *Qui peut être Procureur?*

Peut être procureur dans un mariage toute personne capable de parler et, par conséquent, de manifester, par la parole, le consentement d'autrui.

Il n'y a donc pas, pour le procureur, de condition de sexe et un homme peut indifféremment représenter une femme et une femme un homme.

« *Diversitas sexuum in procuratoribus ad contrahendum matrimonium, · est impertinens : quare duo viri vel duo feminae possunt esse contrahentium procuratores, quia ea sexuum diversitas solum requiritur in ipsis qui matrimonium juguntur* » (1).

Il n'y a pas, d'autre part, de condition d'âge. Dans les autres contrats, si l'on agit par procureur, celui-ci doit avoir au moins dix-sept ans. Cette condition n'existe pas dans le cas qui nous occupe et l'enfant lui-même, s'il est capable de formuler verbalement le consentement du mandant, ainsi que nous venons de le dire, pourra être procureur. C'est là l'opinion de toute la doctrine rappelée par le Père Wernz dans son « *Jus Decretalium* » déjà cité (2) et par FERRARIS dans sa « *Prompta Bibliotheca* »: ce dernier s'exprime ainsi textuellement : « *Unde sufficit, quod sit*

(1) SANCHEZ, *De Matrim.*, tome I, liv. II, disp. XI, n° 15.
(2) Franç.-Xavier WERNZ : *Jus Decretalium*, pars I, tit. I, chap. IV, n° 45.

aetate sufficiente ad manifestandum sui principalis consensum quamvis necdum esset pubes » (1).

Naturellement, et pour éviter les chances d'accidents, on ne choisira comme procureur, dans la pratique, qu'une personne sensée en laquelle on aura toute confiance; il serait désagréable, en effet, que, pour des raisons diverses, le procureur désigné se permette de ne pas remplir son mandat et fasse, de la sorte, manquer le mariage.

II. — *Des Pouvoirs du Procureur.*

Les pouvoirs du procureur sont essentiellement limités en raison même de la spécialité de la procuration, ainsi que nous le verrons d'ailleurs en étudiant celle-ci (2).

Le procureur devra, tout d'abord, agir par lui-même; toute sous-délégation en faveur d'une autre personne lui est formellement interdite, à moins qu'elle n'ait été expressément prévue dans la procuration. La *Décrétale* de Boniface VIII déjà citée (3) est très nette sur ce point :

« ... *Et quamvis alias is, qui constituitur ad negotia procurator, alium dare possit, in hoc tamen casu (propter magnum quod ex facto tam arduo posset periculum imminere)* NON POTERIT DEPU-

---

(1) FERRARIS, *Prompta Bibliotheca Canonica*, 1856, tome VI, n° 41.

(2) Voir *infrà*, pages 84 et suivantes.

(3) Voir *suprà*, page 30.

TARE ALIUM, NISI HOC EIDEM SPECIALITER SIT CONCESSUM ».

Et la raison pour laquelle la *Décrétale* édicte cette prohibition est évidemment la même que celle que nous avons donnée dans le premier point pour justifier le choix du procureur : celui-ci, en effet, doit être une personne de confiance et le mandant, s'il choisit telle ou telle personne et.pas une autre, sait certainement pourquoi. Il serait donc abusif que, de sa propre autorité, le procureur délègue ses pouvoirs à un tiers que le mandant ne connaîtrait peut-être pas. Et, d'autre part, nous sommes ici, non pas en matière réelle, mais en matière personnelle, et c'est de toute évidence à la partie contractante elle-même qu'il appartient de désigner celui qui engagera en son nom sa propre personne : « ... *Conditio est, ut procurator per se ipsum exequatur, non enim substituere potest, nisi expresse hoc in mandato contineatur. Et* RATIO EST, QUIA ELIGITUR INDUSTRIA PERSONAE PROCURATORIS DATI AD MATRIMONIUM » (1).

Et l'on pourrait tirer de là cette conséquence, que nous n'avons, à la vérité, retrouvée dans aucun auteur et qui nous paraîtrait cependant très logique, *que, dans le cas où le mandant aurait prévu la possibilité d'une sous-délégation, le procureur sous-délégué devrait être,* tout comme le procureur en titre, *nommément désigné dans la*

---

(1) SANCHEZ, *de Matrim.*, tome I, liv. II, disp. XI, n° 3.

procuration; autrement dit, et toujours pour la raison sus-indiquée, le procureur ne devrait pas être libre de désigner pour le suppléer telle personne de son choix, il conviendrait, au contraire, que le mandant désignât lui-même celui ou celle qui devrait, le cas échéant, le remplacer. Mais, étant donné que nous sommes ici en matière d'exception, nous ne pouvons nous permettre de donner comme certaine cette conséquence qu'aucun texte ne comporte.

En outre, le procureur sera lié par la procuration et il ne pourra, en quoi que ce soit, se départir de la ligne de conduite qu'elle lui aura tracée; il devra ponctuellement exécuter les instructions qu'il aura reçues de son mandant.

C'est ainsi qu'il ne pourra pas, par exemple, avancer la date de la cérémonie. Le mandant, en effet, qui a fixé lui-même cette date, a dû avoir des raisons certaines pour choisir tel jour plutôt que tel autre; il se peut fort bien, par hypothèse, que, du moment où la procuration a été donnée à celui qui a été indiqué pour la célébration, un événement, que ledit mandant peut attendre, se produise et vienne modifier les choses. Il faut donc, dans un pareil cas, que l'intéressé ait le temps matériel de révoquer son mandat, si cela est nécessaire, et il ne pourrait plus, évidemment, le révoquer si, par la fantaisie du procureur, ce mandat avait été déjà exécuté.

D'autre part, le procureur ne pourra rien chan-

ger aux conditions diverses dont le mandant aura
entouré l'octroi de sa procuration :

-Par exemple, s'il a été stipulé que le mariage
devrait être contracté avec telle personne, à condition que cette personne soit pourvue d'une dot
déterminée, le procureur, qui passerait outre et
épouserait malgré une dot moindre contracterait
un mariage qui serait èntaché de nullité pour défaut de consentement chez le 'mandant :

« *Si procurator mandati fines excedat, nil prorsus valet matrimonium, ut si mandatum detur
contrahendi certa dote constituta, et procurator
contrahat ea conditione non servata, nil agit, quia
mandatum ad unguem servandum est... et ratio
est quia cum potestas sit limitata, in eo quod quis
excedit, potestate caret, et est quidam priva-
tus* » (i).

Et il en serait de même, estimons-nous, si ledit
procureur contractait avec une personne dont le
physique ou les qualités morales ne répondraient
nullement à ce que le mandant aurait souhaité et
dont il aurait fait part à son représentant en lui re-
commandant de ne pas contracter si ce cas se pré-
sentait. Et c'est pourquoi nous persistons à dire
que ce procureur ou sous-procureur doit être une
personne de confiance sur laquelle le délégateur
puisse se fier autant qu'à lui-même (2).

---

(1) Sanchez, *de Matrim.*, tome I, liv. II, disp. xi, n° 17.
— Voir dans le même sens : Gasparri, *Tractabus Canonicus
de Matrimonio*, tome II, chap. v, n° 838.

(2) Voir *suprà*, page 78.

TROISIÈME ELÉMENT. — **La Procuration.**

L'étude de la procuration, c'est-à-dire l'étude de l'acte qui contient la désignation du procureur et la spécification de ses pouvoirs, va nous amener à étudier les trois points suivants :

1˚ LA FORME DE LA PROCURATION;

2˚ LA SPÉCIALITÉ DE LA PROCURATION;

3˚ LA RÉVOCATION DE LA PROCURATION.

I. — De la Forme de la Procuration.

Jusqu'à la promulgation du Nouveau Code de droit canonique il n'était pas nécessaire que la procuration revêtit la forme écrite, rien n'obligeait à cela dans les anciens textes et les vieux auteurs n'en parlaient même pas. D'ailleurs la doctrine la plus récente estimait encore que l'on pouvait déléguer procureur au mariage *soit par écrit, soit de vive voix* (1).

Si elle est donnée de vive voix, une question se pose immédiatement, celle de savoir de quelle façon le procureur en justifiera. Et les textes ne donnant à ce sujet aucune indication il y a lieu de supposer que la preuve testimoniale suffira, maintenant pour plus de sécurité, et si cela est toutefois

(1) WERNZ, *Jus Decretalium*, I, 1, 4, n˚ 45, et GASPARRI, *Tractatus Canonicus de matrimonio*, tome II, chap. V, n˚ 835.

possible, la procuration pourra être donnée au procureur en présence des mêmes témoins qui devront assister à la célébration du mariage. De cette manière, en effet, l'authenticité de l'acte sera parfaitement indiscutable et toute controverse évitée.

D'ailleurs, l'hypothèse d'une procuration verbale est purement gratuite, car dans la pratique on utilise toujours la procuration écrite, obligatoire d'ailleurs aujourd'hui.

Cette dernière, comme tout acte sous-seing privé, devra être signé par le mandant, de plus elle doit être également signée par le curé de la paroisse ou par l'évêque du lieu ou encore par un prêtre délégué par l'un ou l'autre de ces derniers, ou encore par deux témoins au moins. *Ainsi en dispose le canon 1089 du Nouveau Code dans son paragraphe 1 :*

« *Firmis diocesanis statutis desuper additis, ut matrimonium per procuratorem valide ineatur, requiritur mandatum speciale ad contrahendum cum certa persona, subscriptum a mandante et vel a parocho aut Ordinario loci in quo mandatum fit, vel a sacerdote al alterutro delegato, vel a duobus saltem testibus* » (1).

Et si le mandant ne sait pas signer il en sera fait mention dans l'acte et on ajoutera la signature d'un troisième témoin à peine de nullité :

« *Si mandans scribere nesciat, id in ipso man-*

---

(1) CODEX JURIS CANONICI, 1917, canon 1089, par. 2.

dato adnotetur et alius testis addatur qui scriptu-
ram ipse quoque subsignet; secus mandatum irri-
tum est » (1).

La procuration doit donc être écrite, mais quelles mentions doit-elle porter ?

Les textes ne précisent pas ce point, il est cependant naturel qu'elle contienne :

1° Les nom et prénoms du mandant, sa qualité,
sa profession et son domicile;

2° Les nom, prénoms du procureur, sa qualité,
sa profession et son domicile;

3° L'indication du but dans lequel elle est donnée;

4° Les nom et prénoms de la personne avec laquelle le mariage devra être contracté;

5° La date et le lieu de son octroi avec les signa-
tures.

Les trois dernières de ces indications sont nécessaires ainsi que cela découle des termes des canons du Nouveau Code comme de ceux de la *Décrétale* de Boniface VIII. La seconde vient naturellement de ce fait que la personnalité du procureur doit être précisée. Quant à la première,
elle est élémentaire. Nous n'insisterons donc pas
sur ces indications en général et nous ne nous ar-
rêterons que sur la seconde et sur la troisième, en
étudiant dans le paragraphe suivant : la spécialité
de la procuration.

---

(1) CODEX JURIS CANONICI, 1917, canon 1089, par. 2.

II. — *De la Spécialité de la Procuration.*

La procuration au mariage est une procuration spéciale, c'est-à-dire donnée dans un but particulier. Ce but, évidemment, est le mariage. Mais si l'on s'en tenait à cette seule définition, la procuration, tout en étant restreinte à un acte déterminé, demeurerait cependant assez large, car elle permettrait au procureur de contracter à sa guise n'importe quand et avec n'importe qui. Elle est, en réalité, beaucoup plus spéciale puisque elle doit indiquer la personne avec laquelle le mariage doit être contracté et les diverses conditions, s'il y a lieu, que le procureur devra respecter. Elle doit, en outre, être nominative :

« *Desiderantur conditiones, ut procurator absentis nomine validum matrimonium ineat est ut habeat speciale mandatum ad matrimonium nec satis est generale ad omnia negotia, expressis aliquibus exigentibus speciale mandatum : sed debet esse nominatim ad matrimonium...*

« *... Conditio est ut sit mandatum ad contrahendum cum certa persona, nec sufficere generale ad contrahendum cum quacumque. Sufficeret autem quamvis in mandato non exprimeretur persona, si ore tenus, vel per litteras exprimeretur, quia mandatum hoc scripturam non petit, an vero sufficiat, ut quacumque temporis distantia intermedia procurator contrahat* » (1).

(1) SANCHEZ, *de Matrim.*, tome I, liv. II, disp. xi, n° 3 et 4.

Ainsi s'exprime SANCHEZ interprétant le texte du chapitre « *de Procurationibus* » du *Sexte* de Boniface VIII cité plus haut (1). C'est encore ce que dit unanimement la doctrine et ce qu'a corroboré la jurisprudence.

« *Certum in jure est, mandatum procurae, ut satis sit ad matrimonium valide contrahendum, fieri debere certae et determinatae personae, atque ad effectum illud contrahendi cum certa et determinata persona* » (2), dit ZAMBONI, en donnant l'essentiel d'une décision de la Sacrée Congrégation des cardinaux interprètes du Concile de Trente rendue le 7 juillet 1736.

Cette décision, dont nous allons donner ci-dessous un résumé détaillé extrait de la collection de PALLOTINI, est l'épilogue d'une cause très intéressante en notre matière et nous démontre que l'on ne peut, valablement, donner à une tierce personne un blanc-seing dans le but de contracter mariage, durant sa propre absence, sans indiquer les noms du procureur et de la future épouse.

Voici, d'ailleurs, l'affaire d'après le très clair exposé de PALLOTINI :

« *Jamvero Joannes Baptista* BASSAND *Burgundus et olim chirurgus cujusdam legionis Gallo-*

---

(1) Voir *suprà*, page 30.

(2) ZAMBONI, *Collectio omnium conclusionum et resolutionum quae in causis propositis apud Sacram Congregationem cardinalium Sacri Tridentini interpretum prodierunt ab ejus institutione*, tome IV, par. 24, n°s 15 et suiv.

rum militum Neapoli sub annum 1706 moram trahens, ad evitandas violentias quas ei Dux quidam in dies minabatur, ut Genovefam Aloisiam des Cappelles in domo ejusdem ducis commorantem, scenicamque artem in publicis theatris agentem, sibi uxorem adjungeret, folium quoddam a se, ut asserebatur, in albo scriptum in manibus praefati Ducis reliquit, indeque Taurinum profectus, postquam in ea civitate aliquo temporis spatio consedit Viennam progressus est, ubi anno 1715, praemissis consuetis denunciationibus, coram parocho et testibus matrimonium iniit cum Maria Catharina Benedittin, et ex ea filiam nomine Mariam Joannam suscepit; deindeque, Maria Catharina defuncta anno 1725, in uxorem duxit Mariam Joannam Wawaldener, cum qua adhuc vivere praeferabatur. Interea vero memoratus Dux, post discessum Joannis Baptistae e civitate Neapolis, curavit, in enunciatio folio sibi tradito exarari mandatum procurae in personam Joannis Antonii Sottomajure sui familiaris, ad contrahendum matrimonium nomine dicti Joannis Baptistae cum praefata Genovefa quaemadmodum reipsa sub diem 9 maii 1706 coram Parocho et testibus contractum fuit. His ita peractis, nonnisi circa finem anni 1735, post obitum Genovefae in Xenedochio S. Eligi ejusdem civitatis Neapolis die 20 junii 1734 secutum, saepedictus Joannes Baptista BASSAND Viennae adhuc degens supplicem S. Congregationi porrexit libellum, quo postulavit, nullum declarari matrimonium cum

*Genovefa suo nomine initum, legitimam vero
prolem a se ex altero matrimonio susceptam. Os-
tendit enim, enunciatum folium in albo subscriptum non alio prorsus consilio a se traditum fuisse
praefato Duci, nisi ut assiduas gravium malorum
minas sibi ab eodem Duce intentatas evaderet,
cum de cetero nullum unquam habuerit animum
constituendi procuratorem, a quo matrimonium
cum Genovefa suo nomine contraheretur. Idque
satis compertum fieri putavit; tum ex pluribus
circumstantiis, quae in tota facti serie deprehen-
debatur; tum ex depositione ferme concordi qua-
tuor testium, qui novissime ab eo inducti inter
cetera haec habebant :* « Si avanzo in tàl maniera
« la gelosia del detto Duca, che in ogni conto vo-
« leva, che il detto Giovanni avesse sposata la
« detta Genevefa, altrimenti l'avrebbe amman-
« zato, e nell'istesso tempo minacciava anco la
« sudetta Genevefa, etc.; so benessimo, che era
« capace di eseguirle, si per la prepotenza, si an-
« che par esser egli Uomo capricioso e vendica-
« tivo, etc.; onde vivevano con grandissimo ti-
« more della vita, etc.; ed un giorno per isfuggire
« le violenze del detto Duca, ed 'alla richiesta
« della detta Genevefa sottoscrisse di proprio suo
« pugno un foglio in bianco per dar soddisfa-
« zione al Duca (1). »* Tum denique ex declara-*

(1) « La jalousie du duc s'accrût de telle façon qu'il voulut
à tout prix que ledit Jean épousât ladite Geneviève, sans
quoi il l'aurait tué, et à cette même époque il menaçait éga-

tĭone per ipsam Genovefam usque ab anno 1718
coram Notario et testibus subscripta, in qua lege-
batur : « Dichiario io qui sottoscritta, come il ma-
« trimonio, che qui in Napoli nella Chiesa parro-
« chiale di S. Matteo per procura tra me ed il
« signor Giovanni Baptista de BASSAND fu con
« tratto, non vi fu la sua libera volonta, ma una
« mera e pura forza e potenza del fù Duca, etc.,
« minacciandolo della vita, se tal atto non faceva,
« che pero conoscendo io essere detto matrimonio
« invalido e nullo, ne fo la presente dichiara-
« zione, affinche il detto BASSAND non resti per tal
« effetto in cosa veruna pregiudicato, etc. » (1),
Praeterea cum idem Joannes Baptista juxta dicto-
rum testium depositionem, post subscriptum in
albo commemoratum folium, protestatus ex-

lement la susdite Geneviève; je sais très bien qu'il était
capable de mettre ses menaces à exécution parce qu'il était
puissant et d'un caractère capricieux et vindicatif; c'est
pourquoi Jean et Geneviève vivaient dans une crainte perpétuelle pour leur vie; si bien qu'un jour, pour échapper aux
violences du duc, et à la demande de Geneviève elle-même,
Jean, pour donner satisfaction au dit duc, signa de sa propre
main une feuille en blanc. »

(1) « Je soussignée, déclare que le mariage qui a été contracté à Naples, dans l'Eglise de Saint-Mathieu, par procuration, entre moi et M. Jean-Baptiste BASSAND, ne l'a pas été
de la libre volonté de ce dernier, mais purement et simplement par crainte de la puissance et de la violence du feu
duc qui le menaçait de lui ôter la vie s'il n'accomplissait pas
cet acte; mais connaissant, pour ma part, que le dit mariage
est invalide et nul, j'en fais la présente déclaration afin que
ledit BASSAND ne subisse, de ce fait, aucun préjudice. »

presse fuerit coram amicis, hoc ita egisse ob vim et metum sibi incussos, absque animo ineundi matrimonium cum Genovefa, hinc promanare dicto folio expositum, sufficiens minime fuisse contendit, assertum procurae mandatum in personam Joannis Antonii Sottomajure subinde in pro contrahendo valide matrimonio, vel quia dici nequiret legitime confectum, vel quia reputari deberet saltem tacite revocatum ex dicta subsequuta protestatione. »

« *Emus Archiepiscopus Neapolitanus, summatim relatis iis, quae super hac de re deposuerunt memorati testes, nec non adductis facti circumstantiis, ex quibus praetendebatur, satis colligi, Joannem Baptistam ex violentiis sibi illatis supradictum folium subscripsisse absque animo matrimonium contrahendi cum Genovefa, ita subdidit* : « *Verum enim vero quum Testium fides in* « *Judicis prudenti arbitrio jurium dispositioni* « *conformando sit reposita EE. VV. expendendum* « *reor, ab oratore dictarum minarum protesta-* « *tionem in scriptis minime fuisse redactam, ne-* « *que, ut redigeretur, curatam fuisse, et nulli-* « *mode procurationis mandatum seu folium, eo* « *invito et coacto, subscriptum fuisse revocatum,* « *quod haud erat difficile : praeterea dictum* « *mandatum originale in meo archivio extans* « *praeoculi volui, in eoque Procuratoris nomine* « *eodem Notarii charactere quamvis parum gran-* « *diori, quo integre exaratum folium conspicitur,* « *animadverti. Quoad epistolas ab utroque con-*

« *juge ad sese invicem datas, nulla eorum ad me*
« *exhibita fuit, quas tamen isti S. Congregationi,*
« *si verae sunt, exhibere poterit Orator, nec su-*
« *pra relata mulieris confessio seu declaratio (cu-*
« *jus originale mihi nec etiam fuit exhibitum)*
« *ut, matrimonii nullitatem arbitere, satis ani-*
« *mum movet meum. Etenim ex Decretali Cae-*
« *lestini III Eminentiis VV. satis nota in cap. Su-*
« *per eo qui cognovit consanguineam, utriusque*
« *conjugis confessio idoneam haud habet proba-*
« *tionem ad matrimonium dirimendum; ad haec*
« *tanti temporis lapsus, ab anno scilicet 1706 us-*
« *que adhuc, vel praecipue ab anno 1718, quo*
« *Mulier recensitam fecit declarationem, ut asse-*
« *ritur, intra quod Orator ejusmodi matrimonii*
« *nullitatem in medium adducere, nomine prae-*
« *pediente, neglexit, Genovefae expectans obi-*
« *tum sequutum anno 1734, me prorsus in sen-*
« *tentiam tenet anticipem.* » *In literis autem,*
quas sub finem anni 1735 ad S. Congregationem
dedit Emus Archiepiscopus Viennensis rescri-
bens, nullam unquam in sua Archidiaecesi exor-
tam fuisse suspicionem de matrimonio nomine
Joannis Baptistae Bassand *cum Genovefa des* Capelles *inito, sed ambo matrimonia, ut supra ab*
eodem Joanne Baptista contracta eousque aesti-
mata fuisse valida, prolemque inde susceptam ab
omnibus legitimam reputari, praesertim ob bo-
nam famam dicti Joannis Baptistae; ac praeterea
satis constare ex authentica declaratione Genove-
fae sibi exhibita, quod controversum matrimo-

nium per vim et metum fuerit initum, nec non
probabiliter credi posse. Oratorem sero et post
contractum secundum matrimonium illius noti-
tiam habuïsse, sententiam suam hisce verbis ape-
ruit : « Quod reliquum est, dignus mihi videtur,
« quod, attentis facti circumstantiis, nempe adeo
« diuturna dictae Genovefae taciturnitate et sub-
« sequenti declaratione, cum qua obiit, ac ho-
« nestate ipsius Supplicantis, uxorum et consan-
« guineorum illorum valde civilium, ut gratiam,
« quam enixe petit, consequatur. » *Unde is ma-*
ture perpensis, propositis dubiis : « I. An constet
« de nullitate matrimonii ? Et quatenus néga-
« tive : II. An saltem reputari debeat ad omnes
« juris effectus legitima proles suscepta ab altero
« matrimonio contracto anno 1715 in casu, etc. »
Sacra Congregatio respondit : « Ad Primum,
« AFFIRMATIVE; *Ad* secundum, PROVISUM IN
« PRIMO » (1).

(In Neapolitana matrimonii die 7 julii 1736.)

A la vérité, la réponse de la Sacrée Congrégation, à la question de la nullité, s'inspire de plusieurs motifs, elle s'inspire : et du vice de consentement résultant de ce fait que BASSAND a donné
·son blanc-seing sous menace de mort, et de l'idée

---

(1) Salvator PALLOTINI, « *Collectio omnium conclusionem*
et resolutionum quae in causis propositis apud Sacram Con-
gregationem cardinalium Sacri Tridentini interpretum pro-
dierunt ab ejus institutione », Rome 1887, tome XIII, § 24,
n° 15 et suiv.

de révocation tacite du mandat, Bassand s'étant,
postérieurement à la signature dudit blanc-seing,
marié avec une personne autre que Geneviève des
Capelles et même par la suite remarié, et enfin
et surtout elle s'inspire de la règle de la spécialité
de la procuration au mariage, règle qui exige que
ladite procuration énonce, d'une manière certaine, la personnalité du procureur d'une part et
celle de la partie avec laquelle ce procureur doit
contracter d'autre part. Or, dans le cas de Bassand, la procuration se réduisant à un simple
blanc-seing n'existait pas en tant que procuration
et, de ce fait, rendait évidemment nul tout mariage qui aurait été contracté par son moyen, car
le Duc aurait pu, dans ces circonstances, faire
marier notre homme avec n'importe qui, selon
son caprice et sans qu'il s'en doutât même, ce qui
eût été naturellement contraire à toutes les règles
du mariage. En d'autres termes, le blanc-seing
constituait une procuration générale et ne pouvait, en conséquence, être utilisé comme procu-
tion au mariage, les termes du texte du chapitre
« *De Procurationibus* » du *Sexte* de Boniface VIII,
in fine, s'y opposant formellement (1).

Donc, la règle de la spécialité est essentielle en
notre matière et toute procuration qui ne s'y con-
formerait pas devrait être considérée comme
nulle et non avenue.

(1) Voir *suprà,* page 3o.

III. — *De la Révocation de la Procuration.*

Comme tout mandat, la procuration de mariage
est essentiellement révocable. Mais il existe en sa
faveur une dérogation très importante au droit
commun.

Alors, en effet, que dans tout autre contrat, la
révocation, pour porter ses fruits, doit avoir tou-
ché le procureur avant la consommation de l'acte
pour lequel il a reçu pouvoir (1), ici, au contraire :
le mandat révoqué, même sans que le mandataire
ou l'autre partie contractante aient connu la révocation, amène la nullité du mariage contracté sur
sa foi :

« *Sane si procurator antequam contraxerit a
domino fuerit revocatus, contractum postmodum
matrimonium ab eodem (licet tam ipse quam ea
cum qua contraxit, revocationem hujusmodi penitus ignorarent), nullius momenti existit cum
illius consensus defecerit, sine quo firmitatem habere nequivit* » (2).

Une telle exception aux règles ordinaires des
contrats est tellement extraordinaire qu'il faut
vraiment, pour la justifier, un motif très spécial,

---

(1) « *Actus valet, nisi procurator certior fiat de revocato
mandato* » (déduit du chap. xxxiii « *de Rescriptis* » aux Décrétales de Grégoire IX et du livre I, titre IV, « *de Renuncia-
tione* » aux *Clementines*).

(2) *Sextus Decretalium liber*, de Boniface VIII, chap. « *de
Procurationibus* » *in fine.*

ce motif est naturellement tiré de la nature même
du mariage :

« ... *Et ratio est quia in ceteris contractibus potest jus supplere consensum contrahentium, il-
lisque renitentibus dominium transferre : in matrimonio autem minime potest : hoc autem speciale esse in matrimonio* » (1).

La nature même du mariage exige, en effet, le
consentement des deux parties au moment même
de la célébration, il est donc obligatoire, dans le
cas du mariage par procureur, de donner au
mandant le droit de revenir sur sa décision première jusqu'au dernier moment, et cela de quelque manière que ce soit. Et peu importe, dès lors,
que le mandataire, ou l'autre partie contractante
elle-même, ignorent la révocation pourvu, toutefois, que l'on puisse prouver la réalité de celle-ci
dans le temps qui s'est écoulé entre l'octroi de la
procuration et la célébration du mariage.

Sanchez, cependant, fait ici une différence entre le mariage par procuration et les mariages par
lettre ou par messager :

« *Valde tamen distat, si contractus fiat per procuratorem, quo casu necessarium est intimari
procuratori revocationem, vel si fiat per nuncium, vel epistolam, tunc enim si ante praesen-
tationem, mittentem poeniteat, licet revocatio
non intimetur nuncio vel epistolam recipienti,*

<hr/>

(1) Sanchez, *de Matrim.*, tome I, liv. II, disp. xi, n° 6.

obligatio impeditur. Et ratio differentiae est, quia nuncius et epistola est tamquam merum instrumentum et organum, per quod Dominus profert verba et ita concipit verba in persona mittentis, unde consensu domini deficiente tempore, quo profert verba, nil operatur epistola, aut nuncius, quamvis revocationis ignarus sit : cum autem aliquis procuratorem constituit, facto illius voluit obligari, unde necesse est eum per quem consensu praestatur revocationis conscium esse » (1).

D'après ce texte, il apparaît que le canoniste a voulu obliger le délégateur d'un procureur au mariage à faire une révocation formelle, écrite ou verbale, lui interdisant, par cela même, une révocation tacite, celle-ci demeurant possible seulement dans le cas du mariage par lettre ou par messager. La raison qu'il donne, d'ailleurs, de cette différence est très simple : le messager ou la lettre ne sont, en effet, autre chose que les instruments qui profèrent ou portent la parole conçue dans l'esprit du mandant; le procureur, au contraire, est une personne distincte de la personne dudit mandant et qui a reçu pouvoir par ses paroles d'engager ce dernier. Il n'est donc pas utile que le messager ou la seconde partie contractante (ceci dans le mariage par lettre) soient avisés de la révocation, il suffit que celle-ci puisse être prouvée; pour le procureur, par contre, une notifica-

---

(1) SANCHEZ, *de Matrim.*, tome I, liv. II, disp. XI, n° 7.

tion demeure nécessaire, notification qui, d'ail-. leurs, peut être postérieure à la célébration, à condition que la révocation ait effectivement eu lieu antérieurement, de quelque manière que ce soit.

Et ceci nous amène à parler des différentes manières dont peut avoir lieu la révocation de la procuration de mariage. Ces manières sont et ne peuvent être, d'ailleurs, qu'au nombre de deux : ·

La procuration de mariage, en effet, peut être révoquée soit :

1° *Expressément*, par écrit ou par parole;

2° *Tacitement*, par tout acte manifestement contraire aux intentions premières du mandant.

Expresse, la révocation pourra revêtir la forme d'une déclaration écrite analogue à celle par laquelle la procuration aura été donnée et annulant évidemment cette dernière; ou bien encore d'une déclaration verbale faite devant témoins.

Tacite, elle résultera de tout acte contraire à l'intention matrimoniale première du mandant :

« *Secundo nota, non requiri quod revocatio mandati fuerit expresse facta, satis enim est mandatum implicite revocari v. g. per contrarium actum, ut si post mandatum primum uni procuratori factum, antequam ille contrahat, secundum mandatum eidem vel alteri procuratori faciat de alia ducenda quo casu tacite primum revocatur. Idem erit si ante contractum matrimonii a procuratore is qui mandatum dederit cum alia matri-*

*monium contraxerit, etiam ignorante procura-
tore »* (1).

Ou encore : « *Sufficiat etiam revocatio tacita
mandati : unde satis est facto ipso contrario revo-
care : haec enim est voluntas tacita. Quia voluntas non tantum vérbis, sed etiam factis demons-
tratur »* (2).

Donc, du fait d'avoir donné une seconde procuration pour épouser une personne différente de
celle qu'avait indiqué la première, du fait d'avoir
contracté mariage avec une autre fiancée avant
que le procureur ait lui-même rempli son mandat, du fait encore d'avoir restitué les bijoux de
fiançailles avant la cérémonie, etc... il résultera
naturellement la révocation tacite de la mission
confiée au procureur.

*Il est évident, toutefois, que la révocation ta-
cite devra être prouvée, soit par un acte quelconque, soit par témoins;* par exemple, celui qui révoque intérieurement, au for de la conscience seulement, doit extérioriser son intention en en faisant part à des témoins : « *Similiter valebit revocatio procurationis mere interna, quoad forum
conscientiae : licet quod externum incumbat re-
vocanti eum testibus probare. Et ratio est, quia
quantumcumque sint verba externa, deficiente
consensu, non est matrimonium »* (3).

---

(1) *Institutiones Juris Canónici*, de J.-P. LANCELOT, 1671,
liv. II, tit. X, *de Sponsalibus*, page 241, glose de Louis Ricci.
(2) SANCHEZ, *de Matrim.*, tome I, liv. II, disp. XI, n° 10.
(3) SANCHEZ, *de Matrim.*, tome 1, liv. II, disp. XI, n° 9.

Faute, en effet, de pouvoir prouver la réalité de
la révocation, le mariage célébré par l'intermédiaire du procureur demeurerait évidemment valable. Et, dans ce sens, nous allons citer une décision de la Sacrée Congrégation, en date du 5 juillet 1727, et rapportée par Pallotini (1).

Il s'agit, dans l'espèce d'une jeune fille qui pré-
tendait avoir révoqué le mandat donné à son procureur et qui fut mise en demeure de prouver la
réalité de la révocation. Nous avons déjà fait allusion à cette affaire en parlant de la personne du
mandant et pour démontrer qu'une femme pouvait, tout comme un homme, donner procuration
pour le mariage (2); maintenant, nous l'envisa-
geons seulement d'après le point de vue juridique
auquel se plaça la Sacrée Congrégation elle-
même, à savoir : la validité de la révocation.
Mais laissons parler Pallotini :

« *Enimvero* Elisabeth de Ghirardis contendit,
*matrimonium a se per procuratorem contractum
cum* Hieronymo de Raphaelibus *nullitate labo-
rare, ex quo, antequam illud contractum fuisse,
mandatum a se fuerat revocatum, licet id tunc
non fuisset deductum ad notitiam procuratoris.
Addidit aliam nullitatem consistentem in hoc
quod fuit contractum coram parocho cathedralis
Ecclesiae, quando ipsa utpote degens in monasterio S. Benedicti, educationis gratia erat de pa-*

(1) Pallotini, collection déjà citée, page 66, tome XIII,
par. 14, n° 41 et suiv.
(2) Voir *suprà*, page 64.

·rochia S. Secundi, intra cujus fines praedictum
monasterium situm erat, et quando Hieronymus
degebat in parochia S. Petri ejusdem civitatis.
Certum enim est, matrimonium non contractum
coram parocho vel mulieris, vel viri, nullitate la-
borare (1). Spreta responsione, quod Hieronymus
erat clericus, et quod in civitate Eugubina, juxta
consuetudinem et constitutiones synodales, cle-
rici licet habitantes in aliis parochiis, suberant
ecclesiae parochiali; quandoquidem asseruit, id
procedere posse ad alios effectus, sed non ad effectum matrimonii. È contra Hieronymus se oppo-
suit, et probare studuit, mandatum revocationis
contingisse post matrimonium contractum, et revocationem non fuisse spontaneam, sed coactam,
ed ulterius parochum cathedralis in civitate Eugubina esse parochum omnium clericorum ad
omnes effectus, et etiam ad effectum matrimonii.
His interim perpensis, proposito dubio : « An
« constet de nullitate matrimonii in casu, etc. »
Sacra Congregatio die 25 januari 1727 responsum
tulit : « Dilata, et puella caute transportetur ad
« aliquod monasterium civitatis castelli, in quo
« exploretur ejus voluntas a dictae civitatis epis-

---

(1) Cette question de la célébration devant le propre curé
de l'un des deux époux n'a plus d'intérêt aujourd'hui car,
actuellement le mariage peut être célébré dans n'importe
quelle paroisse et ce depuis Pâques 1908, d'après le décret
Ne Temere, du 2 août 1907, art. 8. D'ailleurs cette question
intéresse le mariage en général et n'est point particulière au
mariage entre absents.

« copo, *juxta instructionem. Cohaerenter ad haec, datae fuerunt literae ad Ordinarium Perusinum, ut se intelligeret cum episcopo civitatis Castelli super transportatione Puellae, ut transportatio videlicet adimpleretur recta via et comitante una matrona, de qua tamen nulla esset suspicio, quod esset subornatura puellam, aut pro, aut contra matrimonium, aliisque adhibitis cautelis, quae revera fuerunt adhibitae a Vicario Generali perusino sub directione archiepiscopi, episcopi perusini in Urbe commorantis. Datae etiam fuerunt literae ad episcopum civitatis Castelli, in quibus secuto puellae adventu, demandatum est, ut eam collocaret in monasterio sibi beneviso, et custodiendam traderet probae moniali cum prohibitione, ne aliquis cum puella alloqueretur, vel ad eam epistolae deferentur, et cum additione, ut, transacto termino viginti dierum, ipse, sepositis arbitris, eam interrogaret,, et de responsionibus S. Congregationem faceret certiorem,* Quia vero matrimonium per procuratorem fuerat contractum die 29 martii 1724 hora duodecima, et puella per actum publicum mandatum revocaret ea die, sed uti probabiliter credebatur, post contractum matrimonium; *et praetendebatur, quod actus publicus revocationis mandati factus quidem apparuerit dicta die 29,* sed quod consensus pro matrimonio contrahendo fuisset ab ipsa revocatus die 28, uti ex nonullis testibus habebatur, *et Elisabeth examinata die 2 maii 1724 deposuerat coram Vicario Generali perusino, scriptum idcirco fuit* episcopo civitatis Castelli, ut, delato juramento, puellam interrogaret; primo, an revera consensum revocasset die 28 martii; secundo, an revocatio fuerit spontanea, vel per metum incussum a Patruis de Donninis, vel ex subornationibus aliorum, qui cum eis Eugubinum accesserunt; et tertio, in qua in praesens voluntate persisteret, contrahendi videlicet, vel non contrahendi matrimonium cum Hieronymo. »

« Supervenerunt acta transmissa ab episcopo civitatis Castelli, ex quibus habebatur, puellam interrogatam respondisse : primo : se suam voluntatem revocandi mandatum propalasse die 28 martii summo mane Petro de Donninis Patruo, Patri Gasparri de Giglis, et moniali Hieronymae de Bonassonis, eos rogando, ut ad monasterium accedere facerent notarium, ut publicum suae revocationis fieret instrumentum; secundo : se die 27 ejusdem mensis consimilem revocationem consensus et mandati procurae significasse Patri Gasparri de Giglis, et post ejus discessum a monasterio, moniali Felici Sarzi, cui injunxit, ut suam voluntatem Hieronymo significaret ad effectum, ut se a matrimonio abstineret; tertio : se haec omnia fecisse sponte et libere, non autem per metum incussum a Petro de Donninis Patruo, nec ex persuasione seu subornatione cujusvis alterius personae; ultimo : se nolle contrahere matrimonium, et se in hac voluntate, esse atque fuisse a momento, quo consensum et mandatum procurae revocavit. »

« *His stantibus, reproposito praedicto dubio,*
Sacra Congregatio die 26 aprilis 1727 respondit :
Dilata, *et proponatur in prima in ultima junii, et
partes informent.*

« *Reproposito itaque dubio sub eadem formula,*
Sacra Congregatio *responsum dedit :* AFFIRMA-
TIVE ».

Cette réponse de la Sacrée Congrégation confirme donc tout ce que nous avons dit touchant la
preuve de la révocation tacite, en effet, si Elisabeth de Ghirardis n'avait pu prouver, par le témoignage des Pères et des moniales nommés dans
la relation ci-dessus, la réalité de sa révocation et
l'antériorité de celle-ci vis-à-vis de la célébration
du mariage, la nullité de son mariage n'aurait pu
être prononcée.

Et à propos de la révocation mentale, il nous revient que certains théologiens, notamment Pierre
GASPARRI (1), se sont demandé si le consentement
révoqué de la sorte, puis pareillement confirmé à
nouveau avant la célébration, était valable et ne
nécessitait pas une nouvelle collation du mandat.
D'après ce que nous venons de dire quant à la preuve
de la révocation mentale, il nous semble inutile de
nous étendre longuement sur cette hypothèse. Dès
l'instant, en effet, qu'aucun acte tangible, qu'aucune confidence faite à des tiers ne peut venir af-

(1) GASPARRI, *Tractatus de Sacram. Matrim.*, n° 837.

firmer la volonté intérieure par laquelle, à un moment donné, le mandant a révoqué sa procuration,
cette intention doit être considérée comme nulle et
de nul effet au for externe, parce qu'étant sans
preuves. Il suffirait, pour faire accorder le for interne avec le for externe, que le mandant, qui a
révoqué mentalement fasse, par la suite, une
« *Ratihabitio mentale* ». Seule d'ailleurs mérite-
rait d'être prise en considération, au for externe,
l'hypothèse inverse, c'est-à-dire celle qui poserait
la question de savoir si la procuration effectivement révoquée par un acte tangible *puis de nouveau confirmée mentalement,* mais ainsi seulement, permettrait de célébrer validement le mariage. Et encore faudrait-il, pour que cette dernière hypothèse fût possible, que le procureur et
la seconde partie contractante n'eussent aucune
connaissance de la révocation, car s'ils la connais-
saient la célébration n'aurait pas lieu, et cela de
toute évidence. Quant à la solution qui s'impose-
rait dans ce cas, ce serait purement et simplement
l'invalidité du mariage contracté : une nouvelle
procuration devant nécessairement remplacer la
procuration effectivement révoquée.

Par contre, et tant que nous sommes dans le
domaine de l'intention, citons le cas suivant : le
mandat donné avec l'arrière-pensée de le révoquer
demeure valable s'il est, par la suite et avant la
célébration, effectivement donné en conscience :
« *Idem repetas probabilius, si ab inito ficte mandatum dedit, sed postea ante celebrationem matri-*

monii revera consentit » (1). Peu importerait,
d'ailleurs, dans cette même hypothèse, que la con-
firmation soit expresse ou tacite, puisque rien ne
viendrait prouver, d'une manière tangible, le peu
de sincérité du premier consentement.

Enfin une dernière question avec une dernière
hypothèse : que décider si, après avoir donné
mandat et juré de ne pas le révoquer, le mandant,
infidèle à son serment, révoque tout de même sa
procuration ? Il n'y a pas de doute, dans ce cas
comme dans tous les autres du même genre, qui
se sont présentés en cette matière du mariage, c'est
la volonté du contractant au moment même de la
célébration qu'il faut seule envisager et, partant,
il faut considérer, malgré le parjure, la révocation comme valable : « *Haec autem procurationis
ad matrimonium revocatio, effectum habebit
reddetque illud irritum, quamvis juramentum de
procuratore non revocando praemissum sit : revo-
cans enim perjurii reus erit, tenebit tamen revocatio* » (2).

Nous n'avons jusqu'ici parlé que de la révocation du mandat survenue de par le fait du mandant lui-même, nous devons nous demander maintenant si cette révocation ne pourrait pas être
amenée par un fait indépendant de la volonté dudit mandant. Autrement dit : que devrons-nous

(1) Saint Alphonse de LIGORI, cité par Gasparri, ouvrage
cité, n° 837.
(2) SANCHEZ, *de Matrim.*, tome I, liv. II, disp. XI, n° 8.

décider si le mariage a été célébré alors que le mandant était devenu fou ou était mort sans que la nouvelle de l'un ou de l'autre événement fût parvenue à la connaissance du procureur et de la seconde partie contractante ?

Nous avons déjà répondu à l'hypothèse de la folie, en parlant de la capacité du mandant (1), le Nouveau Code de droit canon, en effet, a tranché définitivement la question en interdisant le mariage par procureur du fou. Quant à l'hypothèse de la mort, la solution doit être identique et nous dirons que le décès du mandant survenu avant la célébration révoque de plein droit la procuration donnée : le mariage ne prenant date que du jour de l'acte et non pas du jour du mandat : « *Contractus enim matrimonii ceu actus praesens, non retrohabitur ad diem mandati* » (2).

TROISIÈME POINT. — *Du rôle du Curé, des Témoins et de l'Ordinaire dans le Mariage par Procureur.*

I. — *Du Curé et des Témoins.*

Quel sera, dans le mariage par procuration, le rôle joué par le curé et les témoins ?

---

(1) Voir *suprà*, page 67 et suiv. et *Nouveau Code de droit canonique*, canon 1089.

(2) Franc. SANTI, *Praelectiones Juris Canonici,* MDCCCIC, n° 85, *loc. cit.*

Dans le mariage par procuration, tout comme dans le mariage entre présents, le curé et les témoins auront un rôle purement passif à jouer, ils ne seront là, en effet, que pour pouvoir affirmer, soit vis-à-vis de l'Eglise, soit vis-à-vis des tiers, la réalité de la célébration.

Le prêtre, en outre, devra s'assurer, avant de recevoir l'expression du consentement des parties, que toutes les conditions requises par l'Eglise pour la validité du mariage en général ont été remplies. Et, dans le cas qui nous occupe, il devra, tout particulièrement, veiller à ce que la procuration donnée par l'époux non présent lui soit remise.

Maintenant, et c'est ici une grose question, le rôle du prêtre se bornera-t-il à exiger la remise de la procuration ? Le curé ne devra-t-il pas, en outre, vérifier' cette procuration et s'assurer de son authenticité ?

Jusqu'à l'apparition du Nouveau Code de 1917, il était unanimement admis qu'après avoir reçu la procuration le curé n'était nullement tenu de la vérifier, il suffisait, en effet, que le procureur lui certifiât qu'il avait vraiment mandat pour donner le consentement de l'absent. Si, par la suite, ce dernier contestait qu'il eût donné ce consentement, c'était alors, mais alors seulement, au cours de l'instance engagée, que pouvait être agitée la question de la validité de la procuration. C'était là, comme nous le dit SANCHEZ, la pratique constante de l'Eglise :

« *Nam quando aliqui contrahunt per procurato-*

rem, non est opus ut parochus et testes videant li-
teras in quibus continetur potestas procuratoris,
ut praxis totius Ecclesiae recipit, alias deberent
viri Docti, ut scirent an ea potestas sit sufficiens,
necne : non possunt plene testificari matrim. de
nisi supposita veritate illius potestatis procurato-
ris » (1).

Et SANCHEZ donnait pour raison de ce fait qu'il
en était ainsi pour les autres conditions : par
exemple au cas-de dispense du Pape pour des cou-
sins germains ou au cas de mariage d'enfants se
prétendant pubères : « *Similiter quando consan-*
guinei contrahunt ex Pontificis dispensatione :
cum tamen aliter nequeant plene testari de matri-
monio, nisi supposita veritate dispensationis ob-
tentae. Ergo si hoc matrimonium valet, valebit
etiam contractum per verba de praesenti, sub con-
ditione, coram parocho et testibus : quamvis eis-
dem minime constet de verificatione conditionis.
Praeterea, quia non videtur mens concilii, ut
plene, et integre possint parochus et testes de
matrimonio testificari, sed ut sint testes con-
sensus de praesenti, quamvis valor matrimonii
pendeat ex alicujus veritatis suppositione, ut cons-
tat ex matrimonio contracto per procuratorem, in
quo ut parochus et testes plene testentur de matri-
monio, oportet ut videant potestatem procuratoris
et sciant esse sufficientem, nec revocatam. — Si-

(1) SANCHEZ, *de Matrim.*, tome I, liv. V, disp. VIII, n° 24.

militer quando contrahunt duo pueri qui dicunt
se esse puberes si vero sunt impuberes, validum
est matrimonium quamvis parochus et testes du-
bitarent esse impuberes, et ita non plene possunt
testificari de matrimonio, cujus valor pendet ex
veritate aetatis : ergo cum in nostro casu vere tes-
tificentur parochus et testes de consensu de prae-
senti, quamvis valor pendeat ex eventu conditio-
nis : de quo non possunt testificari, valebit matri-
monium » (1).

D'ailleurs, une décision de la Sacrée Congrégation, en date du 9 février 1754, était venue apporter à une telle pratique l'approbation de la jurisprudence. Dans l'espèce, en effet, qui faisait l'objet de cette décision, le curé avait reçu tout plié
le papier qui contenait la procuration. Soit par né-
gligence, soit pour toute autre cause, ce prêtre
avait omis d'ouvrir ledit papier et aucun de ceux
qui étaient présents n'avait demandé à prendre
connaissance de son contenu. Or, le curé, ne se
rappelant pas, après la cérémonie, lequel des deux
hommes qui avaient été nommés était le conjoint,
avait écrit sur ses registres de paroisse, et en cette
qualité, le nom du procureur. Par la suite, la nouvelle épousée, qui paraissait s'être mariée sans en-
thousiasme, n'avait point été conduite à son époux
et avait sollicité de la Sacrée Congrégation la nullité du mariage, nullité qui lui fut refusée :

(1) Sanchez, *de Matrim.*, tome I, liv. V, disp. VIII, n° 24.

« *Enimvero nullum dixit Elisabeth Vincentii e
Terra Notarisci matrimonium, quod contraxit
cum Caesare Presbitero e Terra Laureti, ex eo
quod vimetuque saltem reverentiae a Patruo, in
cujus tutela curaque erat, adacta fuerat ad illud
contrahendum cum homine ignoto, et quem nunquam vidit, nec de ipsius consensu constabat. Nar-
ravit enim initio anni 1750 sacerdotem Titium Pa-
truum eam insciam despondisse Caesari Presbitero, certiorem inde fecisse Puellam, quae aegre
tulit, sed Patruo renuere non audens, curavit tantum, ut matrimonium contrahendum dies 25 martii eodem anno, tanta vera festinatione matrimonium actum fuisse, ut nulla licet impellente
causa, unica praemissa denunciatione die 22 ejusdem mensis martii. Testes habebat Elisabeth de
contraria voluntate sua hisce nuptiis, tractamque
ad matrimonium fuisse; sed cum his testibus non
conveniebant, qui in contestes vocabantur. Praeterea die illa 23 martii convenerunt in domum
Puellae Parochus Testes et quidem Cirus Amo-
rotti, qui se Caesaris absentis Procuratorem asse-
rebat. Adventa, sive, ut ipsa aiebat, traducta
Puella, postulante Parocho a Ciro Procuratore
mandatum Caesaris,* Cirus Parocho chartam tra-
didit complicatam. Chartam hanc neque Parochus, neque Testes, neque alius ex iis, qui aderant,
aperuit aut legit, ita ut nemo conscius esse potue-
rit de veritate et validitate mandati, de persona
Procuratoris, de voluntate et consensu Caesaris;
atque ita matrimonium contractum fuit. Tanta

inde neglegentia Parochus ille usus est, ut vel per errorem, vel quia reipsa ignoraret, quisnam fuisset sponsus, quisve procurator in libris parochialibus scripserit, matrimonium contractum fuisse a Ciro, non a Caesare, ita ut Caesar, qui sponsus erat, descriptus fuerit procurator Ciri, et Cirus, qui procurator fuit, descriptus fuerit sponsus Elisabeth. Atque hic error irrepsit etiam in libris Ecclesiae matris, in quibus describebantur matrimonia, licet in aliis Ecclesiis parochialibus contracta : neque hic finis fuit neglegentiae Parochi. *Mandatum procurae, quod parocho traditum fuit, omnibus licet adhibitis diligentiis, repertum non fuit, neque autographum ipsum allegatum fuit, ut opus erat, libro matrimoniorum, neque exemplatum in libro, ita ut etiam in praesens ignoraretur, an vere mandatum fuerit, an vere Cirus fuerit procurator constitutus, an Caesar consensum praestiterit, idque an pure, an conditione aliqua adjecta. Hisce nuptiis contractis, neque Puella ad Viri patriam quindecim mille passibus dissitam traducta, neque vir ad eam accessit, ita ut matrimonium consummatum non fuerit. Interim vero parabantur vestes gemmae mundus muliebris, omnia haec ad Elisabeth mittebantur, conscriptae etiam fuerunt inter eam et Caesarem socerumque epistolae : sed repentae exorta est diffamatio quaedam domus Praesbiteri in Terra Notarisci, quae in causa fuit, ut gravissimae inter utramque familiam orirentur inimicitiae, et ad arma deventum fuisset, nisi provido Serenissimo Regis jussu*

coacti fuissent utriusque Partis Consanguinei èt
affines ad quartam usque gradum cautionem
praestare — de non offendendo. »

« *Constans igitur, Elisabeth in voluntate sua*
non cohabitando cum inviso viro, preces obtulit
mense decembri anni 1751 Summo Pontifici, qui-
bus petebat dispensationem matrimonii rati et
non consummati; rescriptumque fuit : — Utatur
jure suo. — De causa tamen cognoscere noluit
episcopus Aprutinus, quod certo non constaret,
an Terra Notarisci esset de Diaecesi. Iterum itaque
adiit Elisabeth Summum Pontificem, a quo die
3 martii 1752 rescriptum est : — Recurat ad Sa-
cram Congregationem Concilii quoad praetensam
nullitatem tantum. — Datae hinc fuerunt litterae
ad Episcopum Aprutinum; sed magis magisque
excreverunt inimicitiae, ut pars utraque mutuo
consensu non sine injuriis et contumeliis per pu-
blica instrumenta restituerit, quod ab altera acce-
perat, et consensum praestiterit dissolutioni ma-
trimonii et dispensationi impetrandae. Processum
fecit Episcopus, coram quo Caesar, qui in alia
Diaecesi Pinnensi erat, non venit, et ad S. Congre-
gationem misit. Plura retulit in epistola, quae li-
cet fortasse seorsim sumpta, nullitatem matrimo-
nii probaret nequirent, — conjuncta et coacervata
gravissimae tamen sint ponderationis et si etiam
satis non essent, censerit, Sanctitatem Domini
Nostri solita ejus clementia huic matrimoniali
contractui posse dispensare. — Pugnarunt hinc
inde Elisabeth et Caesar. Elisabeth nullitatem sus-

*tinebat matrimonii, Caesar validitatem. Addidit
Elisabeth ut, si forte EE. PP. censerent matrimonium illud validum fuisse, consulant saltem Sanc-
tissimo pro dispensatione matrimonii rati et non
consummati, — cum ad hanc dispensationem satis esse deberent causae, quae ad probandam nullitatem proponebantur. — Proposito vero dubio :*
AN CONSTET DE NULLITATE MATRIMONII ? *Sacra Congregatio respondit :* « NEGATIVE » (1).

(In Aprutina matrimonii die 9 februari 1754.)

La question était donc nettement résolue et avec
saint Alphonse de LIGORI on pouvait dire : il suffit
que le procureur *montre le mandat* au curé et aux
témoins et contracte devant ceux-ci suivant la
forme voulue par le Concile de Trente : « ... *Ut
procurator* OSTENDAT *mandatum parocho et testibus et coram eis contrahat matrimonium juxta
formam Tridentini* » (2).

Mais le Nouveau Code de droit canonique est
survenu et a, selon nous, totalement retourné les
choses, nous lisons, en effet, dans son canon 1091 :

« *Matrimonio per procuratorem vel per interpretem contrahendo* PAROCHUS NE ASSISTAT *nisi adsit juxta causa* ET DE AUTHENTICITATE MANDATI VEL
DE INTERPRETIS FIDE *dubitari nullo modo liceat...* »

« *Le Curé n'assistera à un mariage par procu-*

_____

(1) PALLOTINI, collection citée, mot *Matrimonium*, par. 24,
n° 5 et suiv.

(2) Saint Alphonse de LIGORI, *Théologie morale*, tome III,
liv. VI, chap. II, n° 885.

reur ou par interprète que si celui-ci a lieu pour une juste cause et à condition que l'on ne puisse douter aucunement de l'authenticité du mandat ni de la bonne foi de l'interprète... »

Le texte est très clair et ne supporte pas, à notre humble avis, la discussion : avant de recevoir le consentement des nouveaux époux et si ceux-ci se marient par procureur ou par interprète, le curé est tenu de s'assurer de l'authenticité de la procuration qui lui est présentée ou de la véracité des dires de l'interprète. Et c'est d'ailleurs logique, car il est inconcevable qu'un acte aussi grave que le mariage ne soit pas entouré de toutes les conditions de sûreté et de garantie possibles. Une méprise, comme celle qui se produisit dans l'espèce que nous venons de citer n'aurait jamais dû se produire et nous trouvons vraiment abusive une théorie qui laisserait la porte ouverte à de telles négligences.

Mais la nouvelle disposition du Code changerait-elle la solution à intervenir dans le cas où une faute semblable à celle que nous avons signalée serait à nouveau commise ? En d'autres termes, la nullité d'un marige contracté dans de telles conditions serait-elle cette fois prononcée ?

Nous ne le pensons pas, la mesure édictée par le Code est, en effet, une mesure simplement préventive et la nullité n'est pas prescrite s'il y est passé outre. D'ailleurs, pour être fixé d'une manière certaine là-dessus, il faut attendre qu'un cas

se soit effectivement produit et que la jurisprudence ait eu à se prononcer.

Maintenant une autre grosse question se pose :
celle de savoir si la présence du prêtre et celle des
témoins sont nécessaires à la collation elle-même
du mandat.

Certains dont fait mention SANCHEZ, partant de
cette idée que lorsque la solennité est requise pour
un acte quelconque, elle doit l'être également pour
la collation du mandat faite à une tierce personne
dans le but de lui confier la conclusion de cet
acte, ont soutenu que la collation de la procuration de mariage devait être effectuée tout comme
le mariage lui-même devant le prêtre et les témoins. Et ils ont appuyé leur argumentation sur
ce fait que la solennité est requise pour pouvoir
donner mandat d'exécuter un testament comme
elle est requise pour la confection elle-même de ce
testament :

« *Utrum valeat matrimonium per procuratorem, commissione ei absque parochi et testium
praesentia data ? Videtur enim id desiderari ex
doctrina Rimualdi* (conf. n. 8 et suiv., vol. 4) *do-
centis solemnitatem requisitam ad aliquem actum,
esse necessariam ad dandam commissionem fa-
ciendi illum actum, et ita prohibente statuto do-
nationem fieri absque quinque testibus, censeri
prohibitum mandatum donandi absque illis : et
probet ex L. Oratio ff. de spons. Unde Bart. et alii
(ut retuli L. 1, disp. 14, n° 1) colligunt, prohibitio
aliquo, censeri prohibitum omne id per quod per-*

*venitur ad illud, ergo cum Trident. Sess. 24, C. 1,·
de matrim. exigat praesentiam parochi et testium
ad matrimonii valorem, eadem solemnitas deside-
rabitur ad valorem mandati contrahendi illud.. Et
confirmunt ex L. 36 Tauri hodie, L. 13, tit. 4, L.
5 recop. ubi disponitur eandem solemnitate exigi
in mandato testamentum conficiendi quae in ipso
testamento exigitur : cujus rationem assignat Ma-
tienzo (ea lege 13, glose 1 in fine) quia eadem ratio, virtus et effectus, quae sunt in consequenti,
dicuntur esse in antecedenti, arg. textus L. illud
ff. de acq. haered. — Et ita cum pro testamenti
falsitate vitanda, jus certam solemnitatem petat,
merito illamet, in mandato ad testandum nomine
alterius desiderat, cum sit antecedens necessarium, ut alterius nomine testetur : ergo similiter
in nostro casu cum mandatum ad contrahendum
matrimonium nomine alterius, sit antecedens et
praevium, ut tale matrimonium valeat, exigit
eandem solemnitatem parochi et testium quam ipsum matrimonium »* (1).

C'était là une opinion bien hasardeuse, et la doctrine officielle s'est d'ailleurs bien gardée de la suivre. Le moraliste précité, SANCHEZ, et bien d'autres avec lui, notamment saint Alphonse de LI-
GORI, SCHMALZGRUEBER, etc., la condamnent en
s'appuyant :

1° Sur les dispositions mêmes du Concile de

---

(1) SANCHEZ, *de Matrim.*, tome I, liv. II, disp. xi, n° 22.

Trente qui n'exigent la présence du curé et des témoins que pour la célébration du mariage. Etant
donné, en effet, que ces dispositions sont restrictives, on ne doit pas les généraliser sans texte et on
ne peut pas, en conséquence, assimiler la collation
du mandat à la célébration elle-même du mariage
en ce qui concerne les formes dont il convient
d'entourer l'une et l'autre. — Autre argument : le
droit ancien n'exigeait dans aucun de ses textes
que le mandant donnât procuration devant le curé
et les témoins; or, le Concile n'ayant modifié ce
droit ancien qu'en ce qui regarde la cérémonie
seule du mariage, il faut considérer que s'il avait
voulu apporter une modification quelconque aux
formes d'octroi de la procuration il l'aurait fait
d'une manière expresse :

« *Dicendum tamen est, id non exigi, sed satis
esse ut procurator nomine absentis matrimonium
coram parocho et testibus ineat. Probo quia Tridentinum* (sess. 24, de matrim. 1) *solum irritat
matrimonium quando ipsemet contractus non ce-
lebratur coram parocho et testibus, sed mandatum
contrahendi non est ipse matrimonii contractus,
ergo non petit eandem solemnitatem, alias decretum maxime correctorium, extendendum valde
esset. — Quia praxis totius Ecclesiae habet : ut
post Tridentinum contrahatur matrimonium per
procuratorem, et nunquam auditum est eam solemnitatem in mandato dando procuratori servari.
— Quia jure antiquo haec solemnitas non peteba-
tur, et Tridentinum non corrigit hoc expresse, nec*

per tacitos intellectus inducenda est legum correc-
tio, quamvis clausula nil operatur : ut docet AY-
MON. (conf. 25 q. n. 2) *et* GUTIER, *cum aliis* (3,
pract. q. 15, n. 35). *Nedum ubi nullium operatur,*
ut in praesenti, quamvis non corrigat jus com-
mune. Tandem, quia si voluisset Tridentium an-
nullare dictum mandatum absque ea solemnitate,
expressisset utique » (1).

SANCHEZ s'appuie ensuite sur l'absurdité du raisonnement d'analogie construit sur les formes du
testament et suivi par les partisans de la présence
obligatoire du curé et des témoins à la collation du
mandat. Ce raisonnement se basait, en effet, sur la
nécessité d'employer des formes solennelles pour
le testament et l'institution de l'exécuteur testamentaire et il inférait de cela que l'institution
d'un procureur au mariage devait être tout aussi
solennelle que le mariage lui-même. Mais il ne
saurait y avoir aucune analogie entre le mariage et
le testament, ces deux institutions sont absolument différentes l'une de l'autre et ne doivent pas
être traitées pareillement. D'ailleurs, pour les formes de l'institution de l'exécuteur testamentaire il
y a un texte certain, tandis qu'il n'y en a aucun
pour l'institution d'un procureur au mariage.
En outre, des raisons spéciales exigent une telle rigueur en ce qui concerne le mandat de l'exécuteur
testamentaire, notamment la sûreté des dons,

(1) SANCHEZ, *de Matrim.*, tome I, liv. II, disp. XI, n° 23.

legs et dispositions diverses prises à l'égard des
tiers, de telles raisons n'existent pas dans le cas qui
nous occupe :

« *Ad argumentum propositum n. 22 neganda
est doctrina nec illam probat l. Oratio, ff. de
spons. cui satis respond. l. 1, disp. 12, n. 2. Ad
confirm. dico esse specialem dispositionem in eo
casu primo ad vitandas commissariorum fraudes :
ut dicitur l. 31 Tauri. hodie, 1. 5, tit. 4, 1, 5 recop. ibi quia tale mandatum ad testandum, non
tam dicitur commissio ad testandum, quam testamentum succeditque loco testamenti : quia continet institutionem haeredis, dationes tutorum,
quae omnia si commissarius non faciat, per tale
mandatum manent ipso jure facta; cum ergo tale
mandatum loco testamenti succedat, mirum non
est si lex candem testamenti solemnitatem petat* » (1).

A notre avis, la question de savoir si le prêtre et
les témoins qui assistent au mariage doivent avoir
également assisté à la collation de la procuration
vient d'être indirectement résolue en faveur de la
négative par le Nouveau Code de droit canonique
dans son canon 1089. Ce canon, que nous avons
déjà cité (2), nous dit, en effet, que la procuration
doit être signée : par le mandant, naturellement, et
puis : soit par le curé de la paroisse dudit mandant, soit par son évêque, soit par un prêtre dési-

---

(1) SANCHEZ, *de Matrim.*, liv. II, disp. XI, n° 25 au tome I.
(2) Voir plus haut, page 82,

gné par le curé ou par l'évêque, *soit enfin par deux témoins au moins :*

« ... *Subscriptum a mandante* ET VEL A PARO-CHO, AUT ORDINARIO LOCI IN QUO MANDATUM FIT, VEL A SACERDOTE AB ALTERUTRO DELEGATO, VEL A DUOBUS SALTEM TESTIBUS. »

Si donc il suffit que la procuration soit signée par deux témoins quelconques, il n'est pas, *a fortiori*, nécessaire qu'elle ait été rédigée devant le curé et les témoins assistant au mariage, et pour nous la question est désormais tranchée.

II. — *De l'Ordinaire.*

Dans les textes de l'Ancien droit canon, nous ne trouvons, nulle part, l'obligation pour les futurs époux d'obtenir l'autorisation de l'évêque pour pouvoir contracter mariage par procureur. Cette obligation, cependant formelle, résulte de la pratique unanimement reconnue par la doctrine. Tous les théologiens, anciens et modernes, qui admettent la validité du mariage entre absents et que nous avons jusqu'à présent cités, proclament la nécessité de cette autorisation en faisant ressortir l'intérêt qu'il y a pour l'Eglise à entourer ce mariage de toutes les précautions possibles. Ainsi : BANGEN, cité par GASPARRI, nous dit : « *Parochus nunquam inconsulto suo Ordinario illi assistat, et Ordinarius nonnisi ex causa valde gravi, omnibus*

*rite perpensis, illud permittat pro sua pruden-
tia* » (1).

Ainsi encore l'archevêque de Vienne, RAUS-
CHER, dans son « *Instructio pro judiciis ecclesias-
ticis quoad causas matrimoniales* » rapportée par
la « *Collectio Lacensis* » (2), déclare : « *Consensus
declaratio per procuratorem facta valida est...* PA-
ROCHUS TAMEN MATRIMONIUM PER PROCURATOREM
INEUNDUM NULLATENUS ADMITTAT NISI EPISCOPUS
FACULTATEM EXPRESSE CONCESSERIT. »

Enfin, et nous ne parlons pas de tous les auteurs modernes : Ferraris, de Angelis, Rosset, Gasparri, etc..., le Nouveau Code de droit canonique
de 1917, dans son canon 1091, exige l'autorisation
de l'évêque dans tous les cas et ne permet de s'en
passer que lorsqu'il y a extrême urgence à conclure le mariage : par exemple en cas de danger
de mort pour l'un des contractants :

« *Matrimonio per procuratorem vel interpre-
te contrahendo parochus ne assistat, nisi adsit
juxta causa et de authenticitate mandati vel de interpretis fide dubiari nullo modo liceat,* HABITA SI
TEMPUS SUPPETAT ORDINARII LICENTIA ».

Le rôle de l'ordinaire est donc un rôle important dans le mariage entre absents; c'est, en effet,

(1) GASPARRI, *Tractatus de Matrimonio*, n° 834. Gasparri
rappelle encore à ce sujet l'*Instructio Austriaca* du cardinal
CAPRARA, dont nous n'avons pu nous procurer le texte.

(2) COLLECTIO LACENSIS, édition 1879 de Fribourg-en-Brisgau, tome V, titre I, paragraphe 50, colonne 1293.

de l'évêque que viendra l'autorisation pour la célébration et ce dernier aura tout pouvoir pour ap-
précier la valeur de la « *juxta causa* » qu'invo-
queront les postulants.

Mais quel sera cet évêque ? La réponse à cette
question nous est naturellement donnée par le
droit commun : ce sera l'évêque du lieu où sera
célébré le mariage; la compétence des évêques est,
en effet, territoriale et l'un d'eux ne peut s'arro-
ger des droits dans le diocèse de l'autre. D'ailleurs
le canon 1091, que nous venons de citer, est suffisamment explicite puisqu'il défend *au curé* de célébrer un mariage par procureur ou par interprète
sans l'autorisation préalable de *son* évêque. Il n'y
a donc pas de doute sur ce point.

De toute évidence, cette autorisation de l'évêque doit être exigée pour les autres sortes de mariage entre absents : le mariage par « lettre » et le
mariage par « nuncius ».

CHAPITRE III

Le Mariage par Lettre.

———

Le mariage par lettre est celui dans lequel l'un des co-contractants *donne son consentement non plus par l'intermédiaire* d'une tierce personne, *mais directement* par l'envoi d'une lettre exprimant à son futur conjoint la volonté qu'il a de s'unir à lui.

Quelle est la validité d'un tel mariage et dans quelle forme doit être conçue la lettre de l'absent ? C'est ce que nous allons voir.

Comme nous l'avons annoncé plus haut (1), nous n'étudierions cette institution que jusqu'au moment de l'apparition du Code de 1917, réservant pour un chapitre ultérieur le point de savoir si ce Code ne l'a pas supprimée en la passant sous silence.

I. — *Validité du Mariage par lettre.*

La validité du mariage par lettre a été contestée par nombre de canonistes, parmi lesquels nous

(1) Voir plus haut, page 24.

citerons celui dont l'autorité paraît être la plus
grande, c'est-à-dire : de Luca. Ce dernier, dans
son traité « *de Matrimonio* » condamne, en effet,
ce système en prétendant que, grâce à lui, il serait
beaucoup trop facile d'éluder la règle de non clandestinité :

« *Qui nullam absentis, quinimo aliquando in
diversa regione vel civitate morantis puellae notitiam habeant clandestinum matrimonium contrahi posse, adeo ut ille pater familias qui propriam filiam domi caute custoditam retineat di-
quis et altis nuptus destinatam ita ignarus eam
habere cogatur alterius inaequalis vel indigni uxorem mediantibus amatoriis epistolis quae ni-
mium de facili, ancillis vel aliis mulieribus mediantibus a puellis obtinetur frequenter ignoran-
tibus quid agant.* »

« *Neque congruere videtur simile de procuratore vel nuntio quoniam id quod frequentiore
praxi inter magnos principes, vel magnates ac no-
biles contingit, mediante nuntio vel nobili et qua-
lificato procuratore publice et palam deputato, vel
transmisso juxta praefatum deduci solitum exem-
plum Abrahae* » (1).

Et avec de Luca, Pierre de Ledesme et Bartho-
lomée, cités par Mgr Rosset (2), ont pensé encore
que le mariage par lettre ne pouvait être valablement contracté là où étaient en vigueur les dispo-

(1) De Luca, *de Matrimonio*, discours 16, nos 20 et 21.
(2) Mgr Rosset, ouvrage cité, n. 234.

sitions du Concile de Trente. Et cela toujours en vertu de ce motif que-ledit Concile requiert l'ex_pression du consentement de l'un et de l'autre des deux contractants, tous deux présents à la célébration du mariage. Nous avons déjà dit ce qu'il fallait penser de cette fausse interprétation du Décret « *Tametsi* » (1), nous ne nous attarderons donc pas sur cette question.

Nous n'aurons d'ailleurs plus rien à discuter lorsque nous aurons fait remarquer que l'objection tirée par de Luca de la clandestinité n'a absolument aucune valeur puisque le mariage même par lettre a toujours lieu devant le curé et les témoins. De Luca a d'ailleurs vu sa propre doctrine réfutée, ou plutôt rejetée, par une décision de la Sacrée Congrégation de septembre 1673 dans une affaire dont il était lui-même le rapporteur. Il s'agissait d'un individu de bonne famille et d'un certain âge qui, se trouvant en prison pour avoir tué sa première femme, s'était remarié dans sa cellule devant curé et témoins avec une jeune fille qui, non présente à la cérémonie, avait donné son consentement par lettre. De Luca avait demandé la nullité du mariage ainsi conclu en raison : 1° de l'âge de l'époux et 2° de l'invalidité d'un tel mode d'union. Comme nous venons de le dire, la Sacrée Congrégation maintînt malgré lui la validité du mariage (2).

---

(1) Voir *suprà*, pages 43 et suivantes.
(2) D'après Rosset, ouvrage cité, n. 235.

Un texte ancien sert, d'ailleurs, implicitement de base à la décision ci-dessus, c'est le texte de la Glose du Décret de Gratien au chapitre « *Nec Illud* ». Nous avons déjà parlé de cette glose en étudiant la validité en général du mariage entre absents, il suffira donc de se rapporter à ce que nous en avons dit (1).

D'autre part, la majorité de la doctrine dans les plus éminents de ses représentants : Molina, Sanchez, Guttierez, Salamanticens, Schmalzgrueber, saint Alphonse de Ligori, etc., reconnaît la validité du mariage par lettre et naturellement elle donne, pour justifier sa solution, les mêmes raisons qu'elle a données pour justifier la validité du mariage par procureur : « Le Concile de Trente n'a rien changé aux modes antérieurs de mariage, il a simplement imposé la solennité dans tous les cas. L'Eglise ne permet de tels mariages que pour causes très graves et sur l'autorisation de l'ordinaire » :

« *Jure antiquo constat matrimonium per epistolam celebratum validum fuisse et docet Glossa* « *Nec Illud* » (2).

« *Sed probabilius esse, valére, existimo : ob rationes quibus disputationi praecedenti n. 20 probavi matrimonium per procuratorem initum validum esse : non enim juris correctio absque necessitate inducenda est : et declaratur amplium ex-*

_____

(1) Voir *suprà*, page 32 et suiv.
(2) Sanchez, *de Matrim.*, tome I, liv. XI, disp. xii, n° 1.

plicando casus in quibus celebrato per epistolam matrimonio, potest utriusque consensus coram eodem parocho et testibus praestari » (1).

Une décision, toute récente d'ailleurs, de la Sacrée Rote romaine, en date du 19 janvier 1910, a sanctionné la théorie de la validité du mariage par lettre. Cette décision est intervenue à l'occasion d'un procès très intéressant dont nous allons donner un résumé d'après le compte rendu très complet qui en a été fait dans le n° 7 du 30 avril 1910 des « ACTA APOSTOLICAE SEDIS » (2).

Voici quelle était l'espèce :

Un douanier, Sanctes R.., en service à Ravenne, avait eu des relations intimes avec une jeune fille de cette ville, Ada G... A la suite de ces relations, Ada ayant compris qu'elle allait être mère, avait fait part de la nouvelle à son ami et lui avait demandé, pour éviter le scandale, de l'épouser au plus tôt. Le douanier, peu soucieux sans doute, à ce moment-là, de se mettre en ménage, avait allégué que les règlements militaires lui interdisaient de se marier durant son service. Toutefois, sur les instances de la jeune fille, il avait consenti au mariage religieux, mais à celui-ci seulement, et à la condition expresse qu'il serait tenu

---

(1) SANCHEZ, *de Matrim.*, tome I, liv. XI, disp. XII, n° 3.

(2) ACTA APOSTOLICA SEDIS, année 2, vol. II, n° 7, du 30 avril 1910, pages 297 et suiv.

Voir relativement à la même décision : « *La Nouvelle Revue Théologique*, tome XLII, 1910, pages 449 et suiv.

secret, prétextant que, s'il était connu de ses chefs, lui-même serait déplacé. Les choses en étaient resté là, quand au mois de juillet R... avait reçu de ses chefs l'ordre de quitter Ravenne pour se rendre à Bari. Cependant Ada, tenant toujours à son projet, avait obtenu qu'avant son départ il se rendit avec elle et ses parents auprès du vicaire général de Ravenne pour l'épouser devant ce dernier, le curé de Saint-Nicandre, sa paroisse, étant absent. Mais le vicaire général n'avait pas voulu intervenir, et les parents d'Ada n'avaient pu faire autre chose que faire signer à Sanctes R... un engagement aux termes duquel ce dernier devait procéder au mariage religieux le plus tôt possible, en tout cas avant la fin du mois d'août, promettant d'accomplir les formalités civiles à l'expiration de son service. Et cela se passait le 12 juillet 1900.

R... parti, les 16 et 19 juillet, sa fiancée lui écrivait deux lettres pour le prier de s'exécuter sans retard, attendu qu'elle ne pouvait plus cacher son état. Le 2 août, le futur beau-père lui faisait tenir une missive analogue à laquelle il joignait une formule de consentement par correspondance délivrée par le curé de Saint-Nicandre (1). Le 7, au-

---

(1) Formule : « Bari..., paroisse de..., 3 août 1900. Par la présente, j'entends manifester une constante et actuelle volonté de contracter mariage religieux avec Ada G..., fille de..., de la paroisse de Saint-Nicandre, à Ravenne. En foi de quoi... Sanctes R..., fils de... Signature du curé. »

cune réponse n'étant parvenue, un certain Giulio R..., ami des G... et de R..., écrivait à son tour à ce dernier pour lui rappeler ses devoirs et le prier de renvoyer garnie et signée la formule qu'il avait dû recevoir.

Enfin, le 8, R... sortant de son silence répondait, sans envoyer cependant la formule elle-même : « *Io giuro con fedeltà ed ancora in presenza del nostro buon Signore di sposarmi la Signorina Ada di questa citta* » (1). Mais comme cette réponse n'avait pas paru suffisamment explicite, il ajoutait, le 10, sur une nouvelle intervention de Giulio R... : « *Io sottoscritto dichiaro di sposarmi Ada C... qui a Ravenna, mediante questa mia lettera e replico alla mia in data 8 corr. mese. Oggi 10 agosto giuro sulla tomba di mio padre di sposarmi Ada e replico al giuramento di cui sopra* » (2). Et, dans la même lettre, il demandait qu'on lui envoyât Ada le plus tôt possible.

Sur ces déclarations qui paraissaient dépourvues de toute ambiguité, le curé de Saint-Nicandre, d'accord avec le vicaire général de Ravenne, avait procédé au mariage par « *consentement de praesenti* », le 15 août 1900. Après quoi la jeune

(1) « Je jure fidèlement et en présence de Notre-Seigneur d'épouser mademoiselle Ada, de cette ville ».

(2) « Je soussigné déclare épouser Ada G..., ici à Ravenne, par le moyen de cette lettre, et je répète la mienne du 8 courant. Aujourd'hui, 10 août, je jure sur la tombe de mon père d'épouser Ada et je répète le serment ci-dessus. »

femme avait rejoint son mari à Bari et vécu avec lui durant six ans comme mari et femme (*ut vir et uxor*), mais non pas toutefois sans que de sérieuses discussions s'élevassent fréquemment entre eux.

Vers 1905, Sanctes R..., obéissant aux suggestions de ses parents répudiait enfin Ada G... dans le but de contracter mariage avec une autre femme plus fortunée. Et c'est à cette époque, le 15 octobre, que, pour arriver à ses fins, il introduisait devant la juridiction ecclésiastique la demande en nullité de son premier mariage, demande qui devait donner lieu à la décision dont nous allons nous occuper.

Disons tout de suite que la Rote refusa d'accorder la nullité qu'il réclamait, le considérant ainsi comme très validement marié et reconnaissant du même coup la validité du mariage par correspondance, et voyons de quelle façon elle justifia sa décision.

Tout d'abord, en ce qui concernait la question de droit qui faisait l'essentiel du débat, « Le mariage par lettre est-il valable ? » Voici la réponse qui fut faite :

« *Jamvero matrimonium licet ad esse Sacramenti a Christo Domino fuerit elevatum, tamen contractus naturam non amisit; et ideo, sicut contractus ceteri, partium consensu perficitur. Proinde nihil impedit quominus matrimonium per epistolam contrahatur.*

« *Et hoc revera ante Concilium Tridentinum,*

et etiam post illud, illis in locis in quibus Decre-
tum « Tametsi » non fuit promulgatum, absque
dubio retinebatur verum, cum epistola scriben-
tem repraesentaret, quae nudum ejus consensum
exprimeret. Haec eadem doctrina, etiam post dicti
decreti promulgationem, hodie retinetur vera et
in praxa sequenda, licet nonnulli aliter senserint.

« ... Sed finis quem Concilium Tridentinum
sibi proposuit, est ut matrimonium sit notum Ec-
clesiae et possit probari ne aliud publice, aliud
occulte celebretur; ac insuper ne matrimonium
celebretur ab aliquo quam a proprio parocho :
huic fini satisfit cum epistola coram parocho et
testibus lecta scribentem repraesentet, ejusque
absentis consensum de praesenti in matrimonium
exprimat. Quare forma contrahendi per epistolam
sufficiens est retinenda. Eo vel magis si attenda-
tur, a jure antiquo non esse recedendum absque
textu expresso, cum correctio juris sit odiosa et
omnino vitanda. Quare lex correctoria, per quam
reducimur ad jus commune, est favorabilis et ex-
tendenda; atque ita omnis intellectus per quem re-
ducimur ad jus commue favorem continet et ex-
tendi debet, quamvis a propria verborum signifi-
catione recedatur .Jamvero intelligendo decretum
Tridentinum eo sensu, ut non irritet matrimo-
nium contractum per epistolam, reducimur ad
jus commune, quo validum retinebatur; et ideo
haec interpretatio tanquam favorabilis est reti-
nenda.

« ... Neque dicatur hac in hypothesi concipi

non posse utriusque conjugis praesentiam coram eodem parocho' iisdemque testibus a Tridentino requisitam. Epistola enim mediante, nedum utriusque conjugis praesentia haec verificatur, sed etiam consensus utriusque partis satis superque exprimetur. Etenim in nova et correctoria lege cum correctionum et exorbitationum numerus non sit permittendus, verius est ut contrahentium praesentia demontrative, *non autem* taxative, *in conciliari decreto praesupponatur,* et ideo sicut procurator absentem conjugem praesentem facit, ita et epistola illum coram parocho et testibus repraesentat. *Aliunde autem matrimonium perficitur unius pollicitatione quin ulla repromissione opus sit; hinc non est necesse ut duplex distinctus eliciatur actus, alter quo jus alteri datur, et alter quo jus ab altero traditum acceptatur; unus enim idemque actus traditionis virtualiter continet avceptationem, et unus idemque actus acceptationis traditionem.* Epistola igitur, quae coram parocho et testibus absentem repraesentat in pollicitatione, virtualiter et consequenter ejus etiam exprimit traditionis acceptationem alterius partis, quae traditionem repraesentati per epistolam acceptat... »

Cette réponse est très claire et très précise : le mariage par lettre est valable après comme avant le Concile de Trente. Avant, aucun doute, puisqu'il réalisait ce qui constitue la forme essentielle du contrat matrimonial : l'échange réciproque du consentement. Après égàlement, puisque ce qu'a

voulu éviter le Concile de Trente c'est uniquement
la possibilité des mariages clandestins, et que,
dans le cas qui nous occupe, le but du Concile est
atteint, attendu que la lettre porte à la connaissance du curé et des témoins le consentement de
l'absent, attendu encore que la dite lettre représente ledit absent à la cérémonie. La Rote, d'ailleurs, fait remarquer que cette interprétation est
d'autant plus légitime qu'elle ramène les mariages
par lettre au droit commun préexistant, et c'est
enfin sur le même principe que repose la validité
des mariages par procureur ainsi que nous l'avons
vu en son temps.

Ici, une question nouvelle se pose, toujours relativement à la question de droit qui nous intéresse, et cette question est celle-ci :

La décision de la Rote que nous étudions se réfère à un mariage conclu antérieurement à l'application du décret « *Ne temere* », or, l'article 4 de ce
décret (1) exige, pour la validité du mariage, que
le curé non seulement *reçoive*, mais *prenne* le
consentement des deux parties et cela *devant témoins, après y avoir été prié et invité; que faudra-
t-il donc décider au sujet d'un mariage contracté*

_____

(1) « ART. IV. — *Parochus et loci ordinarius valide matrimonium adsistunt :*
§ 1.....
§ 2.....
§ 3. — *Dummodo* invitati ac rogati, *et neque metu gravi
constricti, requirant excipiantque contrahentium consensum.* — Décret « *Ne Temere* », 2 août 1907.

*par lettre postérieurement à Pâques 1908, date
d'application du décret?*

Régulièrement et pour s'en tenir aux termes du
décret, il faudrait, pour que le mariage fût valable, que le curé ait demandé lui-même à l'absent,
et par lettre écrite devant l'époux présent et les témoins, son consentement au mariage, puis ait lu
sa réponse devant les mêmes personnes. 'Car, de
toute évidence, le décret « *Ne temere* », pas plus
que le décret « *Tametsi* » ne spécifie de quelle façon ,les époux doivent être présents, de sorte que la
validité elle-même du mariage par lettre demeure
entière, tout comme après le Concile de Trente, la
question des formes étant encore le seul point litigieux.

D'ailleurs, il est à présumer que si la procédure
que nous venons d'indiquer n'était pas scrupuleu-
sement suivie, si, par exemple, le curé demandait
à l'absent son consentement par une simple lettre
privée, voire même ne le lui demandait nullement
et célébrait le mariage comme par le passé sur le
vu de la lettre exprimant à l'époux présent le consentement dudit absent, le mariage ainsi célébré
ne saurait être entaché de nullité, et cela parce que
l'essentiel du droit canonique serait cependant
observé, c'est-à-dire que le mariage aurait eu lieu
publiquement et que les consentements nécessaires auraient été valablement échangés.

Toutefois, en dehors des cas d'urgence, on devra naturellement se soumettre à la discipline du
décret « *Ne temere* »,

Donc en droit, et nous revenons maintenant à la discussion première qui nous occupait, le mariage par lettre est et demeure valable antérieurement à l'apparition du Nouveau Code de droit canonique de 1917, ainsi qu'en témoigne la décision de la Rote (1) intervenue dans l'espèce de Ravenne.

Quant à la question de fait qui faisait également l'objet du litige, c'est-à-dire le point de savoir si R... avait effectivement donné son consentement par lettre, elle fut tranchée contradictoirement en faveur de l'affirmative et il est inutile d'entrer à son sujet dans les détails. Seule la question de droit était à notre point de vue intéressante et maintenant que nous connaissons sa solution, porsuivons notre étude et voyons quelle forme doit revêtir l'instrument qui sert à transmettre le consentement de l'absent, autrement dit dans quels termes doit être conçue la lettre.

(1) Sanctes R... s'était primitivement adressé à la Sacrée Congrégation du Concile, mais celle-ci, à la suite de la réorganisation de la Curie, en 1908, transmit l'affaire et le dossier à la Sacrée Congrégation des Sacrements, désormais compétente, laquelle, à son tour, vu la nature de la cause, crut devoir la faire traiter judiciairement, et, par commission du Souverain Pontife, en saisit, le 27 mars 1909, le tribunal de la Rote, où elle vint en discussion le 19 janvier 1910. (*Nouvelle Revue Théologique*, tome XLII, 1910, page 451, *in fine*.)

II. — *De la Forme du Mariage par lettre.*

Quelle forme doit être donnée à la lettre pour
que le mariage soit valable ?

La lettre datée et signée par l'époux absent doit
revêtir la forme d'une déclaration, déclaration par
laquelle l'épistolier fera connaître qu'il accepte
pour femme (ou pour mari) la destinataire (ou le
destinataire) et qu'il l'autorise à lire son épître devant le curé et les témoins.

A cette déclaration, le destinataire peut répondre, par lettre également, qu'il accepte la tradition que son futur conjoint lui fait de sa personne
et, par la suite, au cours de la cérémonie du mariage consentir devant le prêtre et les témoins à
cette acceptation et à cette tradition :

« ... *Casus est quem in hominem inveni, si recipiens epistolam rescribat mittendi se accepisse
litteras in quibus vult ipsum in conjugem et similiter ipsum velle : tunc enim si hac epistola res-
cripta lecta coram parocho et testibus, recipiens
coram illis consentiat, jam mutua acceptatio et
traditio constat parocho et testibus : quia illa
epistola continet traditionem rescribentis et acceptationem traditionis factae a priori mittente :
et prior mittens se tradit, et acceptat coram parocho et testibus* » (1).

Bien entendu, dans ce cas, le conjoint présent

<hr/>

(1) SANCHEZ, *de Matrim.*, tome I, liv. II, disp. 12, n. 3,

au moment de la célébration devra lire devant le
curé et les témoins les correspondances échangées
avec l'absent.

On peut, d'ailleurs, simplifier les choses en sup-
primant la réponse du destinataire : il suffit, pour
cela que, dans sa lettre, l'absent écrive qu'il se
donne comme époux à son futur conjoint et qu'il
accepte ce dernier comme tel. Dans ce cas, comme
dans le précédent, l'époux présent lors de la cérémonie devra lire cette lettre devant le curé et les
témoins et exprimer lui-même son propre consentement :

« ... *Casus est quem ponit Enriq. statim alle-
gandus, si epistolam mittens scribat se non solum
facere sui corporis traditionem, sed ex tunc traditionem, per alterum sibi faciendam, acceptare;
tunc enim si epistola lecta coram parocho et testibus, alter consentiat, jam utriusque traditio et acceptatio sit coram codem parocho et testibus* (1).

Tout ce que nous venons de dire se réfère naturellement aux cas où l'on ne suivrait pas la discipline du décret « *Ne temere* », dont nous avons
parlé au paragraphe précédent. Pour suivre cette
discipline, en effet, nous savons que le curé lui-
même, sur l'invitation des parties, doit *prendre* le
consentement de celles-ci, *c'est-à-dire, dans l'espèce, demander, par lettre officielle, à l'absent,
s'il entend vraiment prendre pour mari (ou pour*

(1) SANCHEZ, *de Matrim.*, tome I, liv. II, disp. 12, n. 3.

femme) l'*époux présent*, et cela *actuellement*, bien entendu. Nous pensons, d'ailleurs, ainsi que nous l'avons dit plus haut, qu'un manquement à cette discipline n'entraînerait pas nécessairement la nullité du mariage célébré dans les conditions antérieures au décret, une peine disciplinaire pouvant seule intervenir contre le curé qui n'aurait pas observé les prescriptions dudit décret.

D'autre part, il conviendra de ne pas oublier qu'il faut obtenir, pour célébrer le mariage par lettre, comme pour célébrer le mariage par procureur, l'autorisation de l'évêque, hormis nécessairement dans les cas d'extrême urgence, cas dans lesquels le temps ferait défaut pour cela. Disons enfin, que nous n'avons raisonné jusqu'ici que sur l'hypothèse d'un seul absent, mais rien n'empêcherait de célébrer par lettres le mariage de deux absents. Il suffirait, pour cela, que le curé demande à l'un ou à l'autre des futurs conjoints, et cela par lettres officielles, c'est-à-dire écrites devant deux témoins, leur mutuel consentement, puis lise les deux réponses devant les mêmes personnages (1).

De toute façon, le curé et les témoins devront s'assurer de l'existence et de l'authenticité de la lettre (ou des lettres), de même qu'ils doivent s'assurer de l'authenticité de la procuration dans le cas du mariage par procureur.

---

(1) Voir en ce sens, *Nouvelle Revue Théologique*, tome XLII, 1910, page 464, note 2.

III. — *De la Révocation du Consentement donné par lettre.*

Il est évident que le consentement donné par lettre est tout aussi révocable que celui qui est contenu dans la procuration, et de la même façon.

Par conséquent, dans le cas qui nous occupe présentement, l'absent pourra révoquer le consentement qu'il aura donné par lettre soit :

1° Expressément, au moyen d'une nouvelle lettre;

2° Verbalement et devant témoins;

3° Enfin tacitement par tout acte évidemment contraire à son intention première.

Et sa révocation devra naturellement encore intervenir avant le moment de la célébration du mariage et peu importera, dès lors, qu'elle soit ou non venue à ce moment-là même à la connaissance de l'autre partie contractante, à la connaissance du curé ou à celle des témoins, il suffira que son antériorité, par rapport à la cérémonie, puisse être prouvée d'une manière certaine.

Il convient d'ailleurs de se rapporter en ceci à tout ce que nous avons dit lorsque nous avons parlé de la révocation de la procuration au précédent chapitre (1).

. . . .

Avant de clore cette rapide esquisse du mariage

(1) Voir *suprà*, page 93 et suivantes.

par lettre, nous allons donner, d'après la « *Collec-tio de Zamboni* », quelques indications jurispru-dentielles à ce relatives. Ces indications se trou-vent sous le mot « *matrimonium* » et au paragra-phe 12, les voici :

« *Matrimonium jure communi potest etiam contrahi per litteras, praesertim si litteras a viro missae fuerint.* » (Jan. Matrim., 10 jul. 1728; § 6.)

« *Jus autem canonicum indistincte loquitur et nullum inter virum et mulierem discrimen agnos-cit.* » *(Ibid.)*

« *Dubitatum aliquando est, an ea contrahendi ratio sit a Sacro Tridentino abrogata; sed doctores frequentius post Concilium Tridentinum docent quod uti per procuratorem etiam per litteras con-tracta matrimonia viribus subsistere.* » *(Ibid., § 7.)*

« *Communi vera sententia admittitur, quod lit-teras mittens non solum scribere debeat se prae-senti matrimonio consentire sed etiam alterius consensum acceptare scilicet, aliisque similibus casibus, si lecta epistola coram parocho et testi-bus, alter consentiat, jam mutua utrinque volun-tas et acceptatio intervenisse videatur.* »; *(Ibid., § 9) (1).*

---

(1) ZAMBONI, « *Collectio declarationum Sacrae Congrega-tionis Cardinalium Sacri Concilii Tridentini interpretum* », *Matrimonium*, par. 12.

CHAPITRE IV.

Le Mariage par Interprète.

Dans l'étude qui va suivre nous allons prendre le mot « *interprète* » non pas dans son sens habituel de « *traducteur de paroles* », mais dans son sens moins connu « *d'intermédiaire chargé de faire connaître à une tierce personne la pensée de celui qui l'envoie* », et dans le cas qui va nous occuper : *son consentement.* Si, en effet, il s'agissait uniquement du traducteur opérant en présence de celui dont il traduit les paroles, la question de la validité d'un tel mariage ne se poserait pas ici car on se trouverait dans le cas d'un mariage entre présents et nous ne nous occupons que des mariages entre absents. Il faut donc, pour que nous puissions parler d'interprète à cette place que nous prenions ce mot dans son sens de « *messager* », autrement dit de « *nuntius* », c'est d'ailleurs dans ce sens que l'avaient pris les critiques, entre autres Pontius et plus récemment Mgr Rosset (1). Nous

---

(1) Pontius, *de Sacramento Matrimonii, decisione* 35, n. 6, et Mgr Rosset, ouvrage cité, n. 238 et suiv.

verrons, d'ailleurs, au chapitre suivant, que le
Nouveau Code de droit canonique de 1917 est revenu, sur cette interprétation en redonnant au
mot « *interprète* » son sens strict de « *traducteur* »
et nous aurons alors. à nous demander si par là
même il n'a pas entendu supprimer le mariage
par « *Nuntius* ».

I. — *De la Validité du Mariage par Interprète.*

Le mariage par interprète est-il valable ?

Ici, comme pour le mariage par lettre, les canonistes sont divisés. La plus grande partie d'entre
eux, comprenant d'ailleurs les plus autorisés, pen-
che pour l'affirmative. C'est ainsi que SANCHEZ
parlant des modes d'expression du consentement
en matière de mariage nous dit qu'il suffit que
le prêtre et les témoins en aient connaissance par
l'intermédiaire de l'interprète : « ... *Satis etiam
est si parochus et testes per interpretem intelli-
gant consensum mutuum* » (1).

Sont du même avis, entre bien d'autres,
Schmalzgrueber et Gonzales. Actuellement, d'ailleurs, la même opinion est professée par la doctrine moderne (2).

Et, pour soutenir cette manière de voir, on a

(1) SANCHEZ, *de Matrim.*, tome I, liv. III, disp. 39, n. 3.
(2) Voir, en ce sens, Mgr ROSSET et les auteurs déjà cités
dans leurs ouvrages et chapitres mentionnés au cours de
cette étude.

donné diverses raisons. Tout d'abord, on a dit que tous les autres contrats pouvaient être passés par l'intermédiaire d'un interprète : « ... *Probo quia coeteri contractus possunt per interpretem cele-brari* » (1). Rappelons, en effet, à ce sujet, la règle 58ª du Sexte de Boniface VIII d'après laquelle : « *Potest qui per alium quod potest facere per se ipsum* »; et citons également le passage suivant : « *Sed verum puto, ut omnis sermo contineat verborum obligationem, ita ut alter alterius linguam intelligat, sive per se sive per verum interpretem* » (leg. I, § finalis, ff. de verbo obl.)

Ensuite, on a tiré argument de ce fait que dans le sacrement de pénitence si le prêtre et le pénitent sont d'idiomes différents ledit pénitent peut faire usage d'un interprète pour faire entendre sa confession et l'on a dit que, par analogie, l'on pouvait se servir d'un interprète pour faire entendre son consentement au mariage. Mais nous nous écartons ici du sens de « *nuntius* » que nous avons donné à l'interprète et nous nous rapprochons du Code de 1917.

Demeurons donc dans les limites que nous nous sommes tracées et constatons, avec le *Père* WERNZ, que l'Eglise tolère les mariages par « nuntius » et par « interprète » tout comme les mariages par lettre ou par procureur sous certaines condi-

(1) SANCHEZ, *de Matrim.*, tome I, liv. III, disp. 39, n. 3.

tions (1). Notons, toutefois, que ce dernier auteur,
qui est un de ceux dont se sont inspirés les rédacteurs du Nouveau Code, fait une différence entre
le « nuntius » et l' « interprète », tandis que Sanchez emploie indifféremment l'un et l'autre terme
l'un pour l'autre.

D'ailleurs, si le mariage par l'intermédiaire
d'un intérprète est valable, il ne l'est, tout comme
les autres mariages entre absents, que sur le vu
de l'autorisation expresse de l'évêque du lieu de la
célébration et pour des raisons très graves : par
exemple, si l'absent est à l'article de la mort ou encore pour éviter l'ébruitement d'une situation
scandaleuse et assurer le salut de personnes qui,
avant de contracter mariage, auraient vécu ma-
ritalement, et cela dans l'intérêt également de la
famille ou des enfants s'il y en a (2).

Pour mémoire, nous citerons comme partisan
de l'invalidité du marige par interprète PONTIUS,
dont les objections rapportées par Mgr ROSSET
portent principalement sur la critique du rôle de
l'interprète, rôle que nous allons étudier dans le
paragraphe suivant.

II. — Du rôle de l'Interprète.

A propos de l'interprète, s'est posée en doctrine
la question de savoir si ce personnage était un té-

(1) Xav. WERNZ, *Jus Decretalium*, 1re partie, tit. I, n. 45.
(2) Mgr ROSSET, ouvrage cité, n. 239, *op. cit.*

moin du consentement de l'absent ou simplement
un intermédiaire chargé de manifester uniquement la volonté du dit absent.

Pontius, à ce sujet, soutient qu'il est un témoin
du consentement et se base sur cette affirmation
pour en faire découler l'invalidité du mariage par
interprète. Son raisonnement est le suivant :

« D'après la loi du Serment, au Code des témoins, on ne peut croire à un seul témoignage; or,
l'interprète venant seul témoigner du consentement de l'absent ne peut témoigner valablement,
donc on ne peut tenir pour valide un mariage contracté sur la foi d'un interprète.

« D'autre part, l'interprète expose un fait personnel : la mission qu'il a reçue de l'absent d'exprimer pour ce dernier son consentement au mariage devant le curé et les témoins. Or, en sa propre cause, nul ne pouvant être témoin (*cf. leg.
nullus ff. de testibus et leg. omnibus. Cod. de
testibus*), il serait donc nécessaire que deux témoins certains viennent, à leur tour, affirmer la
sincérité des dires de l'interprète. »

« Et, dans ce cas, comment, se demande encore
Pontius, le curé prouvera-t-il le mariage aux regards de l'Eglise ? Pourra-t-il être lui-même le témoin des témoins d'un fait qu'il n'aura pas vu ?
Cela est impossible d'après les règles du témoignage » (1).

(1). Pontius, *de Sacramento Matrimonii*, décision 35, n. 6
et suiv. — Cf. en sens contraire, Mgr Rosset, ouvrage cité,
n. 239.

Toujours dans le même ordre d'idées, Pontius, tirant argument de ce que le Concile de Trente aurait, d'après lui, exigé la présence réelle des époux à la célébration du mariage, soutient que, par le système de l'interprète, le curé et les témoins seraient incapables de donner à l'Eglise la sûreté que celle-ci est en droit de réclamer quant à la réalité de l'union des conjoints. Ce curé et ces témoins peuvent bien, en effet, savoir ce que dit l'interprète puisque ce dernier parle devant eux, mais ils ignorent si l'absent a donné par sa bouche son consentement vrai, ils ignorent si l'interprète n'a pas menti. Naturellement, pour Pontius, une telle suspicion entraîne fatalement l'invalidité d'un tel mode de mariage.

Mais les prétentions de ce canoniste n'ont pas été prises en considération par la majorité de la doctrine et Mgr Rosset a affirmé leur échec. Il faut donc considérer l'interprète non pas comme un témoin du consentement de l'époux absent, mais plutôt comme l'instrument par lequel ledit absent fait connaître sa volonté au curé, aux témoins et à son futur conjoint. Le curé et les témoins, contrairement aux allégations de Pontius, ne sont pas les témoins d'un témoin qui n'existe pas, ils reçoivent l'expression du consentement de l'époux non présent à la cérémonie, non pas par autrui mais par eux-mêmes, de la bouche de l'interprète. Ce dernier, d'ailleurs, est d'habitude choisi avec soin et il faut remarquer que la volonté des contractants s'est d'autre part manifestée

avant la célébration du mariage par des actes antérieurs, actes tels que les fiançailles et les publications. En somme, tout se passe, dans le cas présent, comme dans le cas de la lettre : l'interprète,
au même titre que la lettre, est le « *signe* », l'instrument (*merum instrumentum*) de la volonté de
l'absent (1).

Nous ne dirons rien de particulier en ce qui
concerne la révocation du consentement donné
par interprète, ses règles sont évidemment les mêmes que celles de la révocation du consentement
donné par procureur ou par lettre.

(1) Cf. Sanchez, *de Matrim.*, tome I, liv. II, disp. xi, n° 7.

CHAPITRE V

Le Nouveau Code de Droit Canonique et les Modes du Mariage entre Absents.

Aū cours des derniers chapitres qui précèdent nous nous sommes demandé si le Nouveau Code de droit canonique de 1917 avait apporté quelque modification en ce qui concerne les modes de célébration de mariage entre absents.

Nous avons vu qu'avant son apparition il y avait trois façons de célébrer ce mariage : par procureur, par lettre et par interprète (messager).

Or, il semble que, d'après la lecture du nouveau canon 1088, il n'y ait plus qu'une seule manière : le mariage par procureur, le texte est, en effet, formel :

« *Ad matrimonium valide contrahendum necesse est ut contrahentes sint praesentes sive per se ipsi, sive per procuratorem.* »

« *Pour qu'un mariage soit validement contracté il faut, de toute nécessité, que les contractants soient présents, soit dans leur propre personne, soit dans la personne d'un procureur.* »

Cette fois, le Nouveau Code, à la différence du
décret « *Tametsi* », ne nous laisse plus dans le va-
gue et tranche nettement la question de la présence des époux au moment de la célébration du
mariage.

Et, à s'en tenir à la rigueur de ses termes, il est
évident qu'il ne doit pas y avoir d'autre alternative
pour les futurs époux; ils doivent être présents, en
réalité, et il leur est seulement permis de se faire
représenter par un procureur. Il ne doit donc plus
être permis de se marier soit par lettre, soit par
messager. Et ici nous employons le mot *messager*
et non pas le mot *interprète*, parce que le Code
dans son canon 1090 donne à ce dernier, et sans le
moindre doute, sa signification de « *traducteur* ».
Nous disons « *sans le moindre doute* », car il est
certain qu'étant donnée la présence obligatoire des
parties il ne peut plus, désormais, être question
d'un messager chargé de faire connaître leur consentement, il ne peut plus y avoir place que pour
un interprète chargé de traduire leur langage
pour le cas où ces parties seraient d'idiomes différents. C'est là l'évidence même.

Toutefois, avant de condamner définitivement
le mariage par lettre et le mariage par messager,
il convient de se demander si le silence du Nouveau Code à leur égard équivaut réellement à une
radiation et, pour cela, il faut savoir ce que ce
Code lui-même a décidé en ce qui concerne les
institutions dont il n'a pas fait mention. Rappor-
tons-nous donc à ses « *Normae Generales* » du li-

vre I et lisons le canon sixième qui est ainsi conçu :

CANON 6. — « *Codex vigentem huc usque disci-plinam plerumque retinet, licet opportunas immutationes afferat, itaque* :

« 1° *Leges quaelibet, sive universales, sive particulares, praescriptis hujus Codicis oppositae abrogantur*, nisi de particularibus legibus, aliud expresse caveatur.

« 2° *Canones qui jus vetus ex integro referunt, ex veteris juris auctoritate atque ideo ex receptis apud probatos auctores interpretationibus, sunt aestimandi; canones qui ex parte tantum cum veteri jure congruunt, ex jure antiquo aestimandi sunt; qui discrepant, sunt ex sua ipsorum sententia dijudicandi.*

« 3° *In dubio num aliquod canonum praescriptum cum veteri jure discrepet, a veteri jure non est recedendum.*

« 4° .....

« 5° .....

« 6° *Si qua ex ceteris disciplinaribus legibus, quae usque adhuc viguerunt, nec explicite nec implicite in Codice contineatur, ea vim omnem amisisse dicenda est, nisi in probatis liturgicis libris reperiatur, aut lex sit juris divini sive positivi sive naturalis.* »

De ce texte, il résulte nettement que les anciennes dispositions du droit qui se trouvent en contradiction avec celles du nouveau Code sont abrogées à moins de stipulation contraire et expresse.

Cependant si parmi ces dispositions de l'ancien droit il en était qui appartinssent au droit divin, soit positif, soit naturel, elles garderaient leur force bien que le code de 1917 ne les ait ni explicitement ni implicitement visées.

Et ces principes étant posés, il importe maintenant de savoir si le mariage par lettre et le mariage par messager sont des institutions contraires au nouveau Code ou si, bien que passées par lui sous silence, elles peuvent demeurer en vigueur comme étant des émanations du droit divin, positif ou naturel.

Et, tout d'abord, ces sortes de mariages sont-elles en contradiction avec les dispositions du nouveau Code ?

A première vue, il semble bien que la contradiction soit certaine. En effet, dès l'instant que le canon 1088 exige la présence des parties il est, ou plutôt il paraît impossible d'user soit de la lettre, soit du messager, puisque, dans un cas comme dans l'autre, l'épistolier ou le commettant n'assistera pas à la cérémonie. Et cependant, ne serait-il pas permis de soutenir que la présence exigée par le Code est assurée par le fait même que la lettre ou le messager ne sont autre chose que les instruments par lesquels l'absent manifeste sa volonté ?

N'avons-nous pas dit, en effet, lorsque nous avons parlé de la révocation du consentement donné par procuration (1), que seul le procureur

(1) Voir *suprà*, page 95.

devait être avisé du changement survenu dans la
volonté du mandant et qu'il n'était pas utilé que
le messager (le nuntius) ou, dans le mariage par
lettre, la seconde partie contractante reçussent un
avertissement analogue ? Et n'avons-nous pas
donné pour raison de cette différence de traitement le motif invoqué déjà par Sanchez (1), motif
tiré de ce fait que le messager où la lettre ne sont
autre chose que les instruments qui profèrent ou
portent la parole conçue dans l'esprit de l'absent,
tandis que le procureur est une personne distincte
de la personne de son délégateur et qui a reçu
pouvoir d'engager ce dernier ? Dès lors, si la personnalité du messager ne vient pas se superposer à
celle de celui qui l'envoie, cette dernière demeure
sans qu'elle ait aucunement besoin d'être représentée; et l'on peut dire que l'absent, bien que
n'assistant pas en réalité à la cérémonie, y est tout
de même présent par lui-même (*sive per se ipsi*)
puisque c'est une partie de sa personnalité qui l'y
représente (2).

Une telle thèse est évidemment un peu osée,
quoique logique. Elle se base, en effet, non plus
sur la présence réelle mais sur la présence morale
matérialisée seulement par la manifestation de la

(1) Cf. Sanchez, *de Matrim.*, tome I, liv. II, disp. xi, n° 7.
cité plus haut, page
(2) « *Coram parocho et testibus sistit una pars et alia pars
repraesentatur per epistolam quae pro ea loquitur* ». Gasparri : *Tractatus de Sacramento Matrimonii*, n° 832,

volonté de l'absent, manifestation émanant nécessairement de lui-même, mais exécutée par le
moyen d'un intermédiaire animé (le messager) ou
inanimé (la lettre). D'ailleurs le Nouveau Code
exige-t-il exactement la présence réelle ? C'est là
une question à laquelle il nous est difficile de répondre. Les délibérations des *Pères* qui ont abouti
à la rédaction des canons actuels ont été, en effet,
secrètes et elles seules pourraient nous donner les
éléments de la réponse. Quoi qu'il en soit, il est
certain que la jurisprudence ne tardera pas à
venir nous fixer là-dessus et nous ne saurions
prendre de parti plus sage que d'attendre ses décisions.

D'autre part, ne pourrait-on pas utiliser le paragraphe sixième du canon 6 précité pour affirmer
la survivance du mariage par messager et du mariage par lettre ? Et ceux-ci ne seraient-ils pas tout
simplement des institutions du droit divin ?

Nous lisons à ce sujet dans le Père WERNZ :

« CONSENSUS MATRIMONIALIS ETIAM PER PROCUBA-
TOREM, VEL NUNTIUM, VEL EPISTOLAM, VEL INTER-
PRETEM DABI POTEST, *dummodo observentur con-
ditiones jure naturalis et positivo* AD MATRIMONIUM
ITA CONTRAHENDUM REQUISITAE » (1).

Or, les institutions en litige ayant été reconnues

(1) Xav. WERNZ, *Jus Decretalium*, 1904, 1re partie, titre I,
parag. 4, n° 45.
Le Père WERNZ est certainement, avec son Eminence le
cardinal GASPARRI, l'un des auteurs qui ont eu le plus d'influence sur la rédaction du *Nouveau Code*. (Note de l'auteur.)

valables jusqu'à ces derniers temps ont fatalement
satisfait aux conditions de droit positif et naturel,
c'est-à.dire aux conditions de droit divin que le
Père WERNZ réclamait pour assurer leur validité.
Dès lors et par voie de conséquence, il nous paraît
possible de les faire entrer dans le cadre des excep-
tions prévues au dernier paragraphe du canon
sixième du Nouveau Code.

Donc, soit en invoquant la théorie de la présence morale, qui ne nous semble pas avoir été
effectivement rejetée par ce Nouveau Code, présence morale d'ailleurs renforcée par la matéria-
lité de la lettre ou des paroles du messager, soit en
tirant argument de la nature des institutions liti-
gieuses, il est permis de soutenir que les mariages
par lettre et par messager (*nuncius*) sont et de-
meurent valables, nonobstant la prohibition appa-
rente qui paraît résulter, à première vue, du silence des nouveaux textes à leur égard. Et il faut
remarquer que l'argument tiré du silence des
textes pour conclure à l'invalidité d'une institution n'est pas très convaincant, attendu que cette
institution était demeurée vivante malgré précisé-
ment le silence à son égard de deux documents
restrictifs. Ainsi que nous l'avons vu, en effet, ni
le décret « *Tametsi* », ni le « *Rituel romain* » n'ont
mentionné le mariage par lettre et cependant ce
dernier a toujours été considéré comme valable
jusqu'à ces derniers temps, témoins les ouvrages
des divers commentateurs que nous avons cités et
la décision de la Rote du 19 janvier 1910. Et, dès

lors, il nous est bien permis de conclure que cette fois encore le mariage par lettre survit aux dispositions restrictives du Code de 1917, dispositions purement négatives.

De toute façon, répétons-le, il appartiendra à la jurisprudence de nous fixer définitivement sur ce point.

TROISIÈME PARTIE.

Le Mariage entre Absents et le Sacrement.

***

CHAPITRE UNIQUE

De la Valeur du Mariage entre Absents au point de vue du Sacrement.

***

Bien que le point de savoir si le mariage entre absents confère le sacrement de mariage ne soit pas de notre compétence, il nous a cependant paru nécessaire de l'envisager. Et cela pour cette raison bien simple que s'il en était autrement, c'est-à-dire si la célébration du mariage en dehors de la présence de l'une des deux parties contractantes ne conférait pas le sacrement, tout ce que nous avons dit jusqu'ici touchant la validité de ce mariage serait parfaitement inutile puisque une nouvelle célébration entre présents serait nécessaire pour qu'aux yeux de l'Eglise il devienne un sacrement.

Certains, il est vrai, comme nous le verrons à la
fin de ce chapitre, ont voulu différencier le contrat
d'avec le sacrement et exiger pour la réception de
celui-ci une seconde célébration ou « *Ratihabitio* », mais nous ne partageons pas leur manière
de voir,et il y a donc pour nous un intérêt capital
à établir par l'étude des auteurs et la pratique de
l'Eglise la coexistence du sacrement avec l'expression du consentement par l'intermédiaire d'un
procureur en présence du curé et,des témoins.

Comme toujours, d'ailleurs, théologiens et canonistes discutent âprement la question et leurs avis
sont partagés. Les uns penchent pour la négative,
les autres pour l'affirmative. Nous allons, tour à
tour, examiner les arguments des uns et des autres et dire dans quel sens s'est définitivement fixé
le droit de l'Eglise.

I. — *La célébration du Mariage entre Absents ne
confère pas le Sacrement.*

Mgr Rosset cite parmi ceux qui nient l'existence du sacrement dans le mariage entre absents :
Cajetan, Tolet, Pierre de Ledesme, Tournely,
Colet, Drouin, Herminier, et fait cette remarque
que pensent comme eux tous ceux qui prétendent
que le prêtre est le ministre du sacrement. Disons
en passant que nous n'avons nullement à nous demander ici quelle peut bien être la valeur de cette
dernière prétention; l'examen d'une telle question

relève, en effet, de la théologie pure et nous ne sommes pas théologien. Nous admettrons toutefois, comme nous le dirons au paragraphe suivant, et d'après l'opinion dernière des Docteurs, que les ministres du sacrement de mariage sont les époux eux-mêmes.

Mais revenons aux partisans de la négation du sacrement dans le cas qui nous occupe et examinons leurs raisons. Ils prétendent, tout d'abord, qu'aucun sacrement ne peut être conféré à des absents, et, reprenant l'argument si cher à ceux qui veulent que le Concile de Trente exige dans son décret « *Tametsi* » la présence réelle des contractants au mariage, ils disent que les paroles : « *Ego vos conjungo* » nécessitent cette présence tout autant que les paroles : « *Ego te absolvo* » réclament la présence du pénitent pour la réception du sacrement de pénitence. Et l'un d'eux nommé Cano, dans son livre VIII, *De locis theol.*, cap. v, défend en termes plutôt imagés l'opinion de Cajetan. Cet excellent théologien s'exprime ainsi dans l'ardeur de sa conviction :

« *Qui in hoc* Cajetanum *errasse clamant, hi non intelligunt nec quae loquuntur nec de quibus affirmant. Quod si nullo idoneo et necessario argumento, sed stultis turbulentisque clamoribus alienas refellere sententias pergunt, atque adeo damnare quae probabiliter et vere dicta sunt, tum nos quiete et silentio taciti illorum stultitiam amentiamque videbimus. Concedant illi, unum pro altero sacramentum sumere, cum pro altero contra-*

*hit. Concedant illi, sacramenta Christi absentibus
administrari, eisdemque gratiam conferre et peccata remittere. Non enim, quoniam haec absurda
sunt, concedere potius volumus ejus modi contractus, qui inter absentes transiguntur, matrimonia ejusdem verissima esse, vera sacramenta nullo
modo. »*

Une telle défense des idées de Cajetan, outre
qu'elle manque totalement d'urbanité à l'égard de
ceux qui ne partagent pas les idées de Cano, n'apporte pas une grande clarté dans le débat; elle pro-
cède seulement par affirmations violentes qui ne
prouvent absolument rien. Voyons donc si parmi
les autres raisons invoquées par les théologiens
pour soutenir la non-existence du sacrement dans
le mariage par procureur il n'en est pas de mieux
fondées. Nous verrons d'ailleurs de quelle façon
toutes ces raisons-là, y compris la précédente, devront être réfutées, et cela dans le paragraphe suivant.

C'est ainsi que certains théologiens déjà cités
ont prétendu que, si au moment du contrat le
mandant n'était pas en état de veille, il ne pouvait
pas être ministre du sacrement ni recevoir la grâce
conférée par ledit sacrement. D'autres encore ont
dit que la réception du sacrement étant personnelle le procureur en bénéficiait à tort et en frus-
tait le mandant.

Ces raisons-là ne nous paraissent pas être d'une
bien grande valeur et nous allons voir d'ailleurs
en exposant les dires des partisans de la coexis-

tence du sacrement et de la célébration entre absents de quelle manière ceux-ci les combattent.

II. — La célébration du Mariage entre Absents confère le Sacrement.

En faveur de l'affirmative, c'est-à-dire en faveur de l'opinion prétendant qu'il y a coexistence du sacrement avec la célébration entre absents, les raisons sont plus probantes et émanent d'autorités incontestablement plus grandes que celles qui soutenaient la négative.

Nous trouvons, en effet, parmi leurs défenseurs : PALUDANUS, SANCHEZ, PONTIUS, SCHMALZGRUEBER, LA CROIX, FERRARIS, SAINT ALPHONSE DE LIGORI et tous les auteurs modernes. Et l'opinion de ces docteurs est aussi nettement arrêtée que celle des autres était hésitante et mal assurée.

Pour eux, c'est tout d'abord, ou plutôt ce sont les époux qui sont les ministres mêmes du sacrement dont la forme et la matière ne sont autres que leur consentement. Il suffit donc que ce consentement soit effectivement donné par les intéressés et peu importe qu'il soit exprimé par eux-mêmes ou par une tierce personne qu'ils auront chargée de l'exprimer.

Car la réception du sacrement, qui a lieu au moment où le consentement est exprimé devant le curé et les témoins, n'est, disent nos auteurs, aucunement personnelle; ce n'est pas, en effet, le procureur qui est le ministre du sacrement, il

n'est que l'instrument du mandant et l'intermédiaire par lequel ce dernier participe à la cérémonie. Et, de ce fait, ils tirent cette conclusion logique : à savoir que si le procureur, au moment de
la célébration, se trouve en état de péché mortel
cet état n'affecte point le mandant qui recevra valablement le sacrement, sans commettre de péché,
à condition qu'il se trouve lui-même, et à cet instant, en état de grâce.

C'est ainsi, en effet, que s'exprime Sanchez (1) :
« *Quando matrimonium fit per procuratorem,
nec procurator est minister, nec in ipso recipitur
sacramentum, nec verba ipsius sunt materia et
forma sacramenti : sed ipsi principales contrahentes sunt ministri et recipiunt in se sacramentum,
et expressionem consensuum ipsorum, quatenus
innotescunt per procuratorem, sunt materia et
forma : procurator autem est conditio sine qua
non. Probo hoc univoce matrimonium cum eo
quod per propriam personam contrahitur, non
enim est duplex matrimonii sacramentum : ergo
eamdem materia et formam et ministrum habet :
quia ubi sunt materia et forma recipitur sacramentum, cum ergo matrimonium recipiatur in
principalibus contrahentibus, in ipsis erunt materia et forma.*

« *Hic infertur minimei delinquere procuratorem, si dum contrahit, peccato lethali affectus sit :*

(1) Sanchez, *de Matrim.*, tome I, liv. II, disp. xi, nos 28,
29 et 30.

quia non recipit in se sacramentum, nec minis-
trat.

« *Infertur, mittentem procuratorem teneri sub*
culpa lethali esse in gratia, eo tempore, quo veris-
sime est fore, ut procurator nomine ipsius contra-
hat, quia tunc recipit sacramentum... »

Donc, du fait que la réception du sacrement
n'est pas personnelle au représentant de l'époux
absent, il s'ensuit, naturellement, que c'est à ce
dernier que va la grâce dudit sacrement lors de
l'expression de son consentement par la bouche
du procureur devant le curé et les témoins. C'est
d'ailleurs ce que nous dit encore SANCHEZ réfutant
l'opinion contraire de CAJETAN et de Pierre de LE-
DESME (1) :

« *Dico in aliis sacramentis actionem esse om-*
nino personalem, ita ut nullo modo per substitu-
tum exerceri possit, secus autem in matrimonio
quia coeterorum contractuum naturam sequitur :
quare actio sacramentalis in ipso non est omnino
personalis, sed tantum in hoc sensu, ut nulla alia
persona praeter ipsos contrahentes, vere conficiat,
et in se recipiat sacramentum.

Par conséquent, si le sacrement et la célébration
du mariage sont inséparables, la seconde étant valable, le premier sera naturellement acquis avec
elle. D'autre part, l'Eglise ne permettrait pas un
tel mariage s'il n'était pas un sacrement, car cela

(1) SANCHEZ, *de Matrim.*, tome I, liv. II, disp. xi, n° 32,
par. 2.

serait contraire à la doctrine du Christ; les vrais
contractants seraient, en outre, frustrés à jamais
de la grâce du sacrement, parce que l'acceptation
de la tradition des corps, une fois valablement
faite, ne pourrait être recommencée, et ceci en
vertu de ce principe que la chose donnée n'est plus
sous la puissance du donateur. D'ailleurs, si le
contrat n'était pas un sacrement dès sa formation,
il ne le deviendrait jamais (1).

Une raison liturgique vient encore corroborer
la vérité de la coexistence du sacrement avec la
célébration entre absents; l'Eglise, en effet, exige
pour cette sorte de mariage, tout comme pour le
mariage entre présents, une cérémonie sacrée, et
de toute évidence elle ne l'exigerait pas si elle ne
conférait pas le sacrement (2).

Enfin, les raisons fournies par les partisans de la
dissociation des deux choses manquent totalement
de vraisemblance.

1° En premier lieu, l'argument tiré de l'égalité
des sacrements ne tient pas, car ce qui est vrai des
autres sacrements ne l'est pas du mariage. De ce
que, dans le sacrement de pénitence, par exemple, la présence réelle du pénitent est requise, il ne
faut pas conclure à la réciprocité dans le sacrement de mariage. On peut très bien marier deux
personnes dont l'une bien qu'absente se trouve

(1) Mgr Rosset, ouvrage et chapitre cités. n° 219.
(2) Ibid., n° 220.

être représentée par une troisième, tandis que l'on ne pourrait absoudre une personne non présente; le pénitent, en effet, est à la fois son propre accusateur, son témoin et le coupable. Et, dans le cas dudit sacrement de pénitence, étant donné qu'un jugement doit intervenir, il est bon que le coupable assiste lui-même à la sentence. Telle est, en effet, l'opinion de SANCHEZ (1) :

« *Absolutionem non posse praestari in absentia, judicium enim externum potest inter absentes esse eo quod diversi sint accusator, testis et reus, ne aliqua dispensatio in reo petatur : secus autem de interno, ubi reus, testis, et accusator est idem : et desideratur reum dispositum esse, ejusque dispositionem confessarium intelligere : unde non solum ea parte qua sacramentum est, sed etiam ea, qua judicium est, repugnat, in absentia praestari : matrimonio autem id non repugnat, quatenus contractus est, cujus naturam ratio sacramenti minime immutat.* »

Les mêmes raisons n'existent pas en ce qui concerne les époux dans le mariage et ceux-ci, ainsi que nous l'avons dit plus haut (2), peuvent recevoir le sacrement par l'intermédiaire du procureur.

---

(1) SANCHEZ, *de Matrim.*, tome I, liv. II, disp. XI, n° 32, par. 1.

(2) Voir *suprà*, pages 161 et suiv.

Certains encore, suivant SANCHEZ (1) prétendent
que le mandant pécherait s'il dormait au moment
de la célébration du mariage par procureur; c'est
à ce moment-là, en effet, qu'il recevrait la grâce
du sacrement et qu'il devrait, pour cela, être parfaitement disposé. Ce à quoi SANCHEZ répond qu'il
n'y a aucun inconvénient à ce que le mandant ne
soit pas en état de veille au moment de la célébration. Il est à supposer, en effet, que pendant son
sommeil ledit mandant demeure virtuellement
dans les dispositions qu'il avait avant de s'endor-
mir, et en particulier conserve la volonté de contracter le mariage. Et, à ce sujet, il cite le cas de
celui qui, voulant être baptisé, le serait pendant
son sommeil, et cela valablement.

Enfin, une dernière objection tirée toujours du
fameux décret « *Tametsi* », et voulant que les pa-

(1) SANCHEZ, tome I, liv. II, disp. XI, n° 26, par. 3 : « *Quia
alias dormiens peccaret, vel reciperet gratiam, si eo tempore
procurator nomine ejus contraheret : cum enim tunc cons-
tituens, sacramentum recipiat, peccaret si esset in mortali,
et reciperet gratiam si esse dispositus : et subinde teneretur
sub culpa lethali, tunc esse dispositus.* »

N° 32, par. 3. — « *Dico non esse inconveniens dormien-
tem delinquere lethaliter, vel gratiam recipere ratione consensus in vigilia habiti : ut contingit in eo, qui volens baptizari baptizatur dormiens : et fateor teneri esse in gratia
tempore quo procurator contrahit.* »

Ibid. n° 11 : « *Si postquam quispiam procuratorem misit
consentit, nec disserit, sed in aliis occupatur valeat matrimonium, quia durat prior consensus virtute, cum non sit
obex contrariae voluntatis : ut qui prius baptizari voluit, si
dormiens baptizetur, verum recipit baptismum.* »

roles du prêtre : « *Ego vos conjungo* » soient essentielles à la célébration du mariage, est à son tour réduite à néant par les considérations suivantes : ces paroles ne sont nullement essentielles, car, si dans les autres sacrements des mots précis sont nécessaires pour en constituer la forme ou la matière, il n'en est pas de même dans le mariage où le consentement, qui est à la fois la forme et la matière du sacrement, peut être exprimé par quelles paroles que ce soit, voire même par signes :

« *Nego consequentiam, quia in coeteris sacramentis ea verba praecisa sunt de sacramenti necessitate, matrimonium autem potest per quaecumque verba, vel signa contrahi consensum explicantia* » (1).

En outre, le prêtre, en disant la messe, s'écrie bien : « *Hoc est enim corpus meum* », et pourtant ce n'est pas de son propre corps qu'il parle, mais de celui du Christ qu'il représente; ce qui prouve qu'il ne faut pas toujours prendre à la lettre certaines expressions, et que le « *Vos conjungo* » peut aussi bien désigner et désigne en fait l'époux présent et l'époux représenté par le procureur (2).

De tout ce qui précède il est donc permis de conclure que le mariage entre absents est un sa-

---

(1) SANCHEZ, *de Matrim.*, tome I, liv. II, disp. XI, n° 32. par. 6, *in fine*.

(2) Mgr ROSSET, ouvrage et chap. cités, n° 221, par. 4, *op. cit.*

crèment, de même que le mariage entre présents, et il n'est plus possible d'en douter à l'heure actuelle, après les déclarations officielles de Pie IX et de Léon XIII, qui ont enseigné que le mariage entre chrétiens était toujours un sacrement quand il était validement contracté (1).

Dès lors, tombe d'elle-même la prétention de certains théologiens qui voulaient, tout en reconnaissant la validité au point de vue contractuel de ces sortes de mariages, exiger, pour que le sacrement fût conféré, une nouvelle célébration, faite, celle-ci, en présence des nouveaux époux et désignée par eux sous le nom de : « *Ratihabitio* » (2).

La « *Ratihabitio* », qui, d'ailleurs, peut toujours être pratiquée, ne doit être regardée, ainsi que le conseillent d'autre part les docteurs les plus éminents de l'Eglise, que comme une cérémonie destinée à assurer une plus grande publicité au mariage en même temps qu'à convaincre les époux trop scrupuleux de la réalité effective de sa célébration :

« *Nonnuli tantum prudenter consulunt, ut qui matrimonio per procuratorem juncti sunt, vel iterum ipsimet coram parocho et testibus consensum renovent vel saltem coram Ecclesiae se ra-*

---

(1) Mgr ROSSET, ouvrage et chap. cités, n° 218, *op. cit.*

(2) SANCHEZ, *de Matrim.*, tome I, liv. II, disp. XI, n° 31, *in fine : Sic supponunt* CAJETANUS *el Petrus de* LEDESME *cum dicant effici sacramentum dum postea inter ipsos contrahentes iteratur.* »

*tum habere matrimonium declarent quae tamen
necessaria non sunt, sed majoris dumtaxat caute-
lae gratia suadentur* » (1).

Actuellement donc, la célébration du mariage
entre absents, dans la limite et dans les modes permis par le droit canonique, conférant le sacrement de mariage, la question que nous nous po-
sions au début de ce chapitre a reçu sa solution
et nous pouvons dire :

« *Que le mariage est parfaitement contracté au
cours de la cérémonie à laquelle a participé le représentant de l'une des deux parties intéressées,
sans qu'il soit aucunement besoin de recourir,
pour lui donner toute sa valeur, à une nouvelle
célébration qui aurait lieu, celle-ci, en la présence
des deux époux.* »

(1) Benoit XIV, *De Synodo*, XIII, 23, n° 9.

Vu : *Le Président de la thèse,*
J. DECLAREUIL.
Le 31 juillet 1919.

Vu : *Le Doyen,*
M. HAURIOU.

Vu et permis d'imprimer :
Toulouse, le 26 septembre 1919.
Le Recteur,
Président du Conseil de l'Université,
Pour le Recteur :
Le Doyen délégué,
J.-E. ABELOUS.

APPENDICE

Au moment de donner notre étude à l'impri-
meur, le courrier de Rome nous apporte une lettre
du Révérend *Père* Dom BASTIEN, qui fut membre
de la Commission de Codification du Nouveau
Code de droit canonique. Nous avions demandé à
cet éminent religieux son opinion sur le silence
des canons 1088 à 1089 à l'égard du mariage *per
Epistolam* et du mariage *per Nuncium*. Par suite
de difficultés inhérentes à l'état de guerre notre
lettre mit à lui parvenir plus de temps que nous
n'en avions prévu, et c'est là le motif de la tardi-
vité de sa réponse, dont voici le passage essentiel :

Roma, Monte Aventino, ce 27 septembre 1919,

« MONSIEUR,

. . . .

. . . .

« A mon humble avis, le Nouveau Code ne reconnaît plus les mariages contractés *per nuncium
vel per epistolam*, et cela en raison de fraudes et
de difficultés survenues par le passé, comme il en
appert de certaines causes matrimoniales traitées
à la Sacrée Congrégation du Concile. Vous pouvez

facilement le déduire des garanties dont le canon 1089 entoure le mariage *per procuratorem*. Le silence du Code sur les mariages *per ñuncium vel per epistolam* est un argument purement négatif, le n° 1 du canon. 6 l'insinue assez clairement.

« Veuillez, Monsieur l'Avocat, etc... »'

Comme on le voit, le R. P. dom BASTIEN est entièrement acquis à la suppression pure et simple des deux modes de mariage litigieux, et son opinion vient apporter une certaine autorité à la théorie favorable à cette suppression, théorie que nous avons exposée dans le chapitre cinquième de la deuxième partie de notre étude. Cependant, nous avons vu, dans le même chapitre, que le silence du décret *Tametsi*, si âprement discuté d'ailleurs par les commentateurs, n'avait pas empêché les mariages entre absents de subsister, et nous avons également fait valoir les divers arguments propres à soutenir ce que nous appellerons, en la matière, la théorie de la survivance. Et comme malgré tout la discussion demeure possible nous nous garderons, humble profane, de nous prononcer, laissant à la Jurisprudence de la Rote le soin de trancher définitivement la question.

Toulouse, ce 10 octobre 1919,

Jean BANCAREL.

TABLE DES MATIÈRES

Toulouse. — Imp. Baylac et Fils, rue Denfert-Rochereau, 34.

CPSIA information can be obtained
at www.ICGtesting.com
Printed in the USA
BVHW091226261118
534010BV00012B/635/P